dolphin
ドルフィンブックス

個性はどう育つか

Sugawara Masumi
菅原ますみ

大修館書店

はじめに

私たち人間は、顔や姿かたちにおいて個性的であるだけでなく、その「ふるまい方」にもきわめて大きな個人差がある。おっとりとした人、何事も自分でやらないと気がすまない頑固な人、気が弱くてはっきりとものを言えない人。こうした人の行動に見られる個性は、いつから芽生え、どのように発達していくのか——この問いは誰もがその答えを知りたいところであり、また心理学という学問のもっとも基本的な課題の一つである。「パーソナリティ」の探求は遠くギリシャ時代にも遡るが、二〇世紀後半の発達心理学の成立とともに、ようやく「赤ちゃん時代」にその起源を求めた、個性の成り立ちについての実証的研究が可能になってきた。

本書では、最近の発達心理学で展開されている発達の初期からのパーソナリティ形成についての研究をなるべく分かりやすく紹介し、また筆者自身が続けている長期縦断研究（対象となる子どもを母親が妊娠しているときから中学生の時期まで追跡したもの）や双生児研究（〇〜一五歳までの約二〇〇〇組を対象とした研究）の結果などを具体的に示して、個性の発達に影響する要因とは何なのか、また発達のメカニズムはどうなっているのか、をめぐって現在までにどのようなことが分かってきているかを見ていきたいと思う。また、子どもの個性と社会適応（あるいは不適応）との関連についても触れ、私たちおとなが子どもの個性の発達をどのように考えていけばよいのか、そしてより健やかな個性の発達に対してどんな役割をとっていけばいいのか、個性の価値論を含めて考えてみたい。

目次

個性はどう育つか

I

子どもの個性の起源はどこまで遡ることができるか

〈1〉赤ちゃんの「個性」の発見

●赤ちゃん観の転換

タブラ・ラサ（tabula rasa）という言葉がある。ラテン語で、「文字の書かれていない書き板」という意味で、白紙を意味している。長い間、人間の乳児はこうしたタブラ・ラサのような真っ白な状態で生まれてくるもの、つまり能力も個性も「ゼロ」からスタートすると考えられてきた。たしかに生まれたばかりの赤ちゃんはいかにも頼りなげで、一見しただけではまだ何もできないのではないかと思わせる風情がたっぷりある。高名な19世紀の心理学者ウィリアム・ジェームスはその著作『心理学原理』の中で、「乳児は目・耳・鼻・皮膚・内臓からくる感覚に一度に襲われて、それらを万華鏡のような混乱として感じる」と表現した。

しかし、ウィリアム・ジェームスは乳児にインタビューしたわけでもなければ、その内的世界に侵入して赤ちゃんがどのように外界を認識しているか実際に見てきたわけでもなかったので、この記述は、彼の想像にすぎないものであった。おそらく、その当時の人々が乳児をどのように考えているかを代表しているのだろうと思われるが、こうしたタブラ・ラサ仮説はその後も長く信じられ続けた。一昔前の日本の育児書を見ても「生まれたばかりの赤ちゃんはお目々も見えません。お耳もきこえません。」と書かれていたものである。先進諸国で急速な少子化が進み、子どもや赤ちゃんに大きな社会的関心が寄せられるようになった一九六〇年代に入ってようやく、「赤ちゃん」に関する科学的な研究が進展するようになった。

生まれたばかりの赤ちゃんの耳元で、ちりん、ちりん、と鈴を鳴らしてみる。新生児はどんな反応をするだろうか。ごく単純な実験だが、新生児の聴覚は機能していないだろうと信じられていた時代には、このことを科学的に試してみようという人はなかった。この実験をした発達心理学者（Wertheimer 1961）の報告によれば、生後二分もたっていない新生児でさえも「音のする方向に目を向ける」ことがわかった。この反応が起こり得るためには、いくつもの生得的な能力を仮定することが必要になる。第一に、音が聞こえていること。第二には、それがどちら側からやってくる音なのかを区別できること、である。人間の耳は左右についているので、正面をずれた方向からやってくる音は、どちらかの耳にわずかだが速く到着する（図1）。私たちは両耳に到着する音の時間的ずれを情報処理して、音のやってきた方

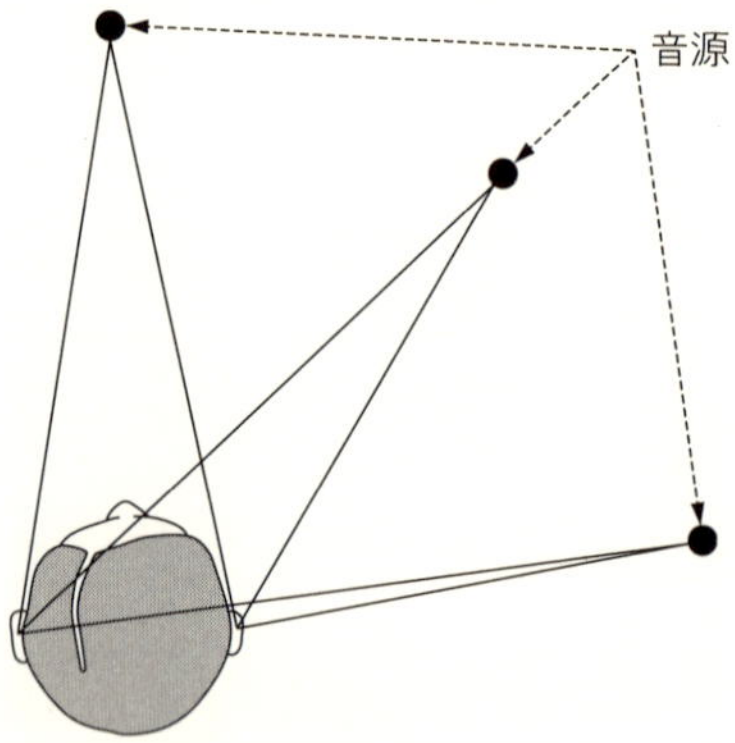

図1　音源定位の原理
音源が頭の正中線からはずれるほど、両耳に達する時間の差は大きくなる。音源が頭の正面にある時には、時間差はない。(Bower 1974)

向を同定しているのだ。こうした複雑な情報処理が新生児にも実は可能だったのである。そしてもう一つ。本当に不思議なことだが、新生児は音のする方向に何か「見るべきものがあること」を知っている。だから音のする方に目を向けるのだ。こうした複雑な知覚活動に必要な発達を、母親の胎内にいる間にすでに赤ちゃんは遂げているのである。同様に、視覚、味覚、嗅覚といった五感も誕生時からすでに機能開始していて、環境情報を取り入れながら急速な発達をし始めていることが一九六〇年代の実験的な研究から次々と明らかにされた。

それだけではない。二〇世紀後半の「赤ちゃんの発見」で最もインパクトが大きかったことは、乳児にも複雑な学習が可能であり、人間は誕生直後から知的な活動を開始していることがわかったことである。二人の心理学者、リップシットとジークランドは、生後一日目の乳児に対して逆転学習の実験をおこなった（Siqueland & Lipsitt 1966）。心理学で学習の実験をするときには、大人でも子どもでも正しく反応できれば「ごほうび」（報酬）がもらえることにして、ごほうび獲得をめざして被験者ががんばれるように設定する。この実験の場合には、ごほうびはミルクで、耳元で「ブザー」がブーっと鳴ったら頭を右にまわし、「ベル」がちりん、と鳴ったら今度は左にまわすのが正解で、正しく反応できたらくわえたおしゃぶりからミルクが出るような仕組みになっていた。結果は、生後二四時間以内の新生児でもブザーとベルの音を聞き分けられるし（弁別できるし）、ミルクを手がかりにしてどちらに頭をまわすことが正しいのかを学習することも可能だったのである。さらに、最初に成立したルール、すなわち「ブザーは右に・ベルは左に」を今度は反対に（逆転）して「ブザーは左に・ベルは右に」と変えても、何回かの試行後には新しいルールを学習することができた。

それだけでも驚きだが、新生児の様子をよく観察してみると、ルールがわからないうちは反応が活発でしきりに頭をまわしたりおしゃぶりを吸ったりするが、いったん「こっちを向いておしゃぶりを吸うとミルクがでてくるんだ」ということがわかると、「もうわかったよ！」とばかりに反応は低減するという。こうした「飽きて反応が鈍くなる」現象を馴化《じゅんか》（ハビチュエーション）と呼んでいるが、馴化が見られ出したところでルールを変更すると「おや？」とばかりにまた新生児の反応は活発化する。どうやら彼らはミルクにつられてのみ学習するわけではないらしい。ミルクが目的ならお腹がいっぱいになるまで反応は続くはずだし、もうミルクが欲しくなければルールを変えたからといって反応がさかんにはならない。何度も驚いて恐縮だが、自分が外界に働きかけた結果何が起こるか、そこにどんなルールがあるのかを知ろうとして新生児が行動していることになり、それはまさに「人はパンのみにて生きるにあらず」で、私たちの自発的な好奇心は生まれつきのものであることになろう。

ほかにも誕生間もない頃の人間の「すごさ」を示す心理学的発見はたくさんある。これらはいずれも一九六〇年代から七〇年代にかけてなされた研究だが、興味を持たれた方は、巻末の参考図書をご覧いただきたいと思う。ヒトの赤ちゃんはかつて動物学者のポルトマン（一九四四）が指摘したとおり、運動的・生理的にはとても未熟で、種としての基本的特徴である「二足歩行」による自由な移動も「言語の使用」による意思の伝達もまだできない。生まれて一時間で立ち上がり、数日目にはもう牧場を走り回れるようになる馬の赤ちゃんや、すぐに自分からお母さんのお乳に泳いで到達できるクジラの新生児とは大きく違う。しかし、精神的な側面についていえば決して無能な「白紙」（タブラ・ラサ）ではなく、想像以上の認知能力や学習可能性を持って生まれてくる。だから、生後数か月もパパやママと暮らしていれば、「このお顔にこのおひげ、ママとは違う低い声、すっぽり抱かれることができる広くて暖かい胸を持つこの人」がパパであることはすっかり学習してしまう。どうして赤ちゃんが「わかっていること」を推定できるかといえば、これもまた実験によって確かめられる。パパに赤ちゃんの前に立ってもらって口をぱくぱく動かしてもらう。スピーカーからパパとは違う声を流すと、赤ちゃんはびっくりする。反対に、違う人が目の前にいるのにスピーカーからパパの声が出てくると、これもまた驚いてしまう。「この顔にはこの声」ということをちゃんと認識しているのだ。赤ちゃんは、自分が生まれてきた世界がどんなところなのか、人間はどんな特徴を持っているのかを誕生したその日から学び続けている、とてもアクティブな存在なのである。

泣けばあのママやパパがやってきて困ったことは解決してくれるし、にこっと笑ってみればふたりの顔はとびきりの笑顔になって頬ずりされる。自分が泣いたり笑ったりするって、いいことで、うれしいことがたくさん起こる。そう赤ちゃんは学習するので、大いに泣き、笑うようになる。もしもそれがまったく違って、泣いたらぶたれ、笑ってもにらみつけられるだけだったとしたら、どうだろうか。赤ちゃんはとても頭がいいので、もはや泣いたり笑ったりはしなくなる。だから乳児虐待の最も恐ろしい結果の一つとして情緒喪失が起こり、赤ちゃんは生きる力を失っていくのである。

親を悩ませる赤ちゃんの盛大な泣き声もかわいい笑顔も、世の中や親を信頼してくれているからこそのもので、それは自分たちとの生活の中で赤ちゃん自身が学んだ結果なんだと思うと、子育ての大変さも少し報われる気持ちになるのではないだろうか。タブラ・ラサからコンピテント(有能)な存在へ——二〇世紀後半に始まった赤ちゃん研究は私たちの乳児観を大きく変えた。人間とは何かを考えるとき、そのスタート時にどれだけの能力を持っているかを知ることは基本的に重要な情報となる。人間が誕生時からその精神機能を働かせ始めていて、自ら環境に働きかけることによって、外界に適応していく能動的な存在であるという事実の発見は、きっと後世の歴史家や哲学者によって、それまでの人間観を変えたエポックメーキングなものとして位置付けられることになるに違いないだろう。

◎乳幼児の行動上の個人差

こうした赤ちゃんに関する多くの実験研究がおこなわれる中で、もう一つ重要な発見があった。新生児や乳児の行動にも大きな個人差があって、それはある期間持続する傾向があることがわかったのである。バーテンらは、生後二日目の新生児に黒と白で描かれた人間の顔のカードを見せて、それに対する追視行動を測定した（Bartein 1971）。生まれたばかりの赤ちゃんの目が見えることは前に述べたが、提示された刺激図形に対する注視時間（じっと眺めている時間）を測定してみると、図形の種類によって注視時間が異なることがわかる。一般に、乳児がよく注視する図形の「人気ランキング」は、図2に見るとおり、第一位は人間の顔図形で、以下複雑な図形ほど長く注視する。同種の人間を識別する能力はどうやら生まれつきのものであるらしく、人間の顔は赤ちゃんにとっても魅力ある図形の一つである。この法則を利用して、バーテンらは赤ちゃんがよく見る白黒の顔図形を見せて、それが動いたときにどのように反応するかを一二名の新生児について観察した。

図2　乳児の図形の“好み”
左側の提示物が示されている時にそれぞれを見ていた時間の割合を示している。(下の三つは赤、白、黄の円になっている。)　　(R. L. Fantz, 1961)

　もちろん、どの子もよく目覚めたときであれば、呈示された顔図形に興味を持ち、じっと見つめる。呈示された図形やおもちゃなどに対して、最初はけげんそうな表情をして見るが、「これ、ナニ?」といわんばかりに興味を引かれてじっと見つめ出すと、新生児の目は本当におりこうそうに輝き出し、とても生まれてまもない赤ちゃんとは思えないほどの知性のきらめきを感じる。これを「敏活さ」(alertness)と呼んでいるが、新生児の観察をしていて最も感動する瞬間だ。しかし、この後どれだけ長く興味を示すか、あるいは対象が動けば自分の頭も動かしてそれを追い続けるかどうかには大きな個人差がある。しかもこうした追視行動の個人差は一回限りのものではなく、次の日にも確認され、新生児の行動上の個人差をあらわす一つの特性であることがわかったのである。

　こうして、「能力ゼロ・個性ゼロ」というタブラ・ラサ仮説はどちらも正しい人間の乳児の姿ではなかったことがようやく私たちにも認識できるところとなった。どうして気がつかなかったんだろう、と今になっては不思議なくらいであるが、新生児や乳児の反応潜時（刺激が呈示されてから反応が起こるまでの時間のこと）が大人の常識以上に長いことなどがその理由として挙げられるだろう。例えば、生まれてまもない乳児にガラガラを聞かせたとして、それに対して反応するまでには最大で約七秒かかる。ガラガラを鳴らしてみて、赤ちゃんがあまり反応しないようだと「やっぱりまだよく聞こえてないのね。」と思ってその場を離れようとする頃になってようやく、新生児は定位反応（対象物に注意を集中してしっかり見る反応）などのアクションを起こしたりする。また、覚醒水準がしっかり高い状態でないと、赤ちゃんの外界に対するアンテナは十分に機能しない。開眼しているものの、夢見心地でまどろんでいる状態では、いくらおもちゃを見せてもしっかりとした反応を得ることはできない。新生児や乳児ならではの限界を知ったうえでその行動を観察しないと、やはり彼らの能力を見定めることは難しいといえよう。しかし、いったんこうした事実を知ってしまうと、新生児のペースにあわせたコミュニケーションを楽しむことも十分できるようになるだろう。

ここでは、新生児の個性をあらわす特性として追視行動を紹介してきたが、次章では、その他の多様な特性についても見ていこう。きっと、私たち人間が生まれながらにしてとても個性豊かな存在であることをおわかりになっていただけるに違いない。

〈2〉新生児の個性のプロフィール

●新生児の行動に見られる個人差

大学院の学生だった頃、修士論文を作成するためにある病院の新生児室でデータを取らせていただいた。すでに母親の胎内環境の影響を受けてはいるものの、本格的な外界との相互作用が始まる以前の新生児の行動には本当に個人差が見られるのだろうか？　もしあるとすればぜひこの目で見てみたい、と毎日わくわくしながら新生児室に通っていた。

そこには、生まれたばかりの子どもたちがおおよそ五〜六日間入院していた。母子同室か別室かにかかわらず、日本の産院では正常な出産であっても一週間近く入院する。欧米では出産後二四時間で退院するところもあるが、研究させていただくという点ではとてもありがたくて、病院内で産後のお母さんや新生児とゆっくり会うことができる。

さて、ここでは、はやばやと親が名前を決めた子以外はどの子も苗字だけで、ベッドのプレートや手足に巻かれた識別用の名札にも母親の名前が書かれている。看護婦さんたちが新生児のことを話題にしたり、直接呼びかけるときには「吉田くん」とか「佐藤ちゃん」などと苗字が使われることが多い。しかし、なかにはニックネームで呼ばれる子がいて、それが心理学的な検査を通じて測定されるその子の行動特徴とよく合っているのにとてもびっくりした思い出がある。例えば「若さま」。男の子だったが、おっとりとしていて検査中でもめったなことでは泣かない。泣いたとしてもすぐ泣き止んで、何事もなかったかのように涼やかに眠りにつく。別の子には「きかんぼくん」。ちょっとしたことで大きな声で泣き、いやがる時も全身をつっぱり力強く抵抗する。出生時体重が四、〇〇〇グラムを超えていて挙動もどっしりとしていた女の赤ちゃんは、当時一世を風靡していた横綱の名前で呼ばれていた。ご両親には申し訳ないが、その名も「北の湖ちゃん」。

一見するとどの子も同じように眠り、泣き、ミルクを飲んでいるように見える新生児たちだが、彼らとじっくり付き合ってみると一人一人個性が違う。そのことを新生児室の看護婦さんたちは経験的によく知っていて、生後数日目の子どもたちにも多彩なニックネームを与えることができるのだ。私の修士論文のための研究は、アメリカの小児科医ブラゼルトン博士が開発した新生児の行動特徴を測定する臨床検査（ブラゼルトン新生児行動評価尺度）を用いて、日本の新生児たちにどんな行動上の個人差が見られるのか検討す

表1　ブラゼルトン検査で測定される新生児の行動特性

①ハビチュエーション	：不快刺激への慣れやすさ
②オリエンテーション	：外界の刺激への反応性
③運動のコントロール性	：運動のコントロール、成熟性
④興　奮　性	：刺激に対する状態向上性、泣きやすさ
⑤鎮　静　性	：興奮した状態からのなだまりやすさ
⑥自律系の安定性	：皮膚の色、驚愕、ふるえなどの頻度

ることが主なテーマであった。この検査は六つほどの特性次元（表1）について新生児の個性を見ることができるように作られていて、一人の赤ちゃんについて一時間ほどかけて様々な刺激を呈示しながら行動を評定していく。主な検査の内容と、そこで見られる多様な新生児の個性について見ていこう。

◎新生児の覚醒水準：新生児の意識のアンテナ

生まれたばかりの新生児は、確かに眠ってばかりいるように見える。しかし、彼らの行動をよく観察してみると、様々な意識の状態変化があることがわかる。例えば、二一頁の図4。これが生後三日目の赤ちゃんとは思えないほど、しっかりとした表情をしている。一日のうち短時間ではあるが、どの子にも訪れる「はっきりとした覚醒」状態で、目の前にあるボールをじっと見つめている。二〇頁の図3では、いかにも夢み心地、といった感じだ。こうした新生児の意識の状態を小児科学では六つのステージに分けて整理している（表2）。これらを知っていないと新生児の行動に見られる個人差を測定することはできない。日常的に新生児と付き合う時にもとても役に立つので、簡単にまとめてみよう。

① 状態1「深い眠り」——ぐっすり熟睡状態。少しくらいベッドを揺すられても物音がしても動じることはない。新生児のいる家庭で掃除機をかけたりするなら、この時がチャンスだ。私たち大人でも、「昨晩地震があったなんて、知らなかった」という時には、この状態1にある。ときどき、びくっと「驚き反応」が見られたりもするが、すぐにまたすやすやと規則正しい呼吸に戻って眠り続ける。

② 状態2「浅い眠り」——目を閉じてはいるが、状態1よりも浅い眠りで、大きな物音がしたりすると目をさます。ちゅくちゅくとお乳を吸う時のような口の動きが見られたり、呼吸が不規則で、短い時間息を止めたと思ったら今度は鼻息荒く大きく息を吸ったり、と見ていてもけっこう忙しい。お昼寝中のベビーベッドを覗いてみて、赤ちゃんがこんな様子だったら、そろそろ授乳の用意をした方がいいかもしれない。この状態でもう一つ特徴的なのは、眼球の動きで、閉眼しているまぶたの上からも眼球がぐりぐりっとすばやく動くのが観察されることがある。こう

表 2　新生児の状態の区分とその出現頻度

状　　態	目	呼　　吸	運　　動
状態 1 規則的睡眠 (regular sleep ; RS)	閉眼	規則的	筋緊張の弛緩 自発的または誘発的 驚愕運動がある
状態 2 不規則睡眠 (irregular sleep ; IS)	閉眼 急速眼球運動 (REM)	不規則	一時的な小さな動き 表情の動き 間欠的な吸啜運動
状態 3 まどろみ (drowsiness ; D)	開眼または 閉眼 けだるい目	一般に規則的 一時的に速くなる	動きは少ないが覚醒 へ向かう時は自発的 運動がある
状態 4 敏活な不活動 (alert inactivity ; AI)	開眼 輝きのある目	一般に規則的 変動しやすく速い	大きな動きはない
状態 5 覚醒した活動 (waking activity ; WA)	開眼	不規則	全身の活発な粗大運動
状態 6 泣き (crying ; C)	一部または完 全な閉眼	不規則	活発な粗大運動 紅潮した泣き顔

(矢野 1983)

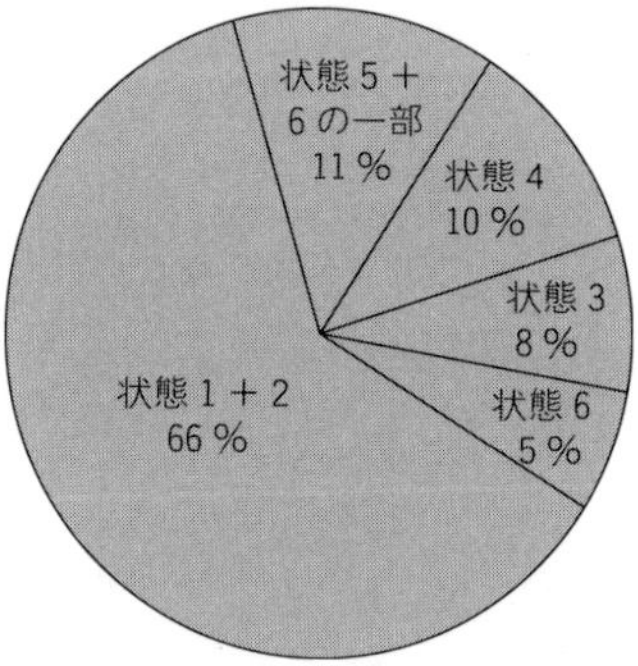

〈新生児の状態に対する時間配分〉
(Smart & Smart 1978)

図3　新生児の生理的ほほえみ

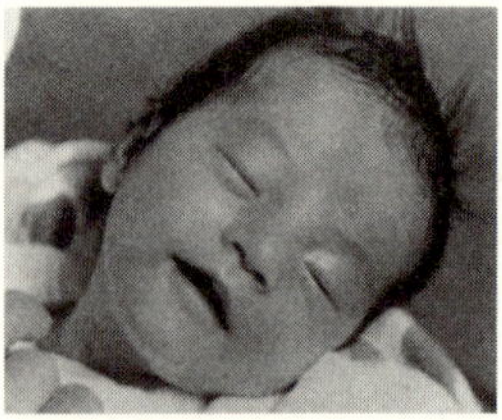

した急速な眼球の動き（rapid eye movement: REM）が起こる睡眠相、ということで状態2はレム睡眠と呼ばれている。レム睡眠時には夢を見ていることが多いとも言われるが、新生児はどんな夢を見るのだろうか。図3のような閉眼したままでの口元だけの微笑（生理的ほほえみ）が出現するのもこの浅い眠りの時である。

③　状態3「まどろみ」——目は開いているものの、まぶたは重そうな感じでぼうっとしていたり、閉じたまぶたがぴくぴく動いてたり、あるいは大人ではめったにないことだが、片方の目だけ少しだけ開いていたりなど、いずれにしても「眠そうな」表情をしている。この状態にあると、目は開いていたとしても、外界の刺激はほとんど受容されず、情報処理も不活発である。起きているのかな、と思ってもあまり反応しない時には、赤ちゃんはこの「まどろみ」状態にあるのだ。

④　状態4「はっきりとした覚醒」（敏活状態《アラート》 alert）——図4の状態。瞳が輝いていて、いかにもかしこそうな表情になる。じっと注意を集中している、という感じで体の動きも少ない。この時こそ、新生児の外界に対するアンテナがするするっと伸びていて、様々な情報をキャッチで

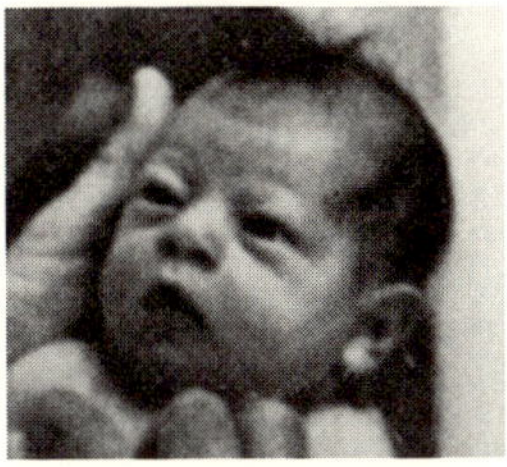

図4　状態4の覚醒

きる状態にあるのだ。パパやママがコミュニケーションするなら、この時が絶好のチャンスだ。様々な知覚検査や学習実験を実施するのもこの状態で、研究者たちは赤ちゃんの目が輝き出すのをひたすら待つことになる。短時間でも、必ずどの赤ちゃんにも生起する状態である。

⑤　状態5「活発な状態」——新生児のエキササイズ・タイムなのでは、と思うほど体をよく動かしている状態。手足がぱたぱた動いている、という感じで、目は開けているものの、刺激に集中して反応することはできない。この状態にある時は、ごきげんそうだな、と思って話しかけたりガラガラを見せても落ち着かない様子で、見ているのかどうかはっきりしない、ということがよくある。反対に、ごきげんななめで、ふにゃふにゃとかわいいぐずり声で短く泣いたりもする。

⑥　状態6「泣いた状態」——力いっぱい泣いている状態。手足の動きも激しくて、「誰か何とかして！」というメッセージを全身から発している。

こうした新生児の状態を知っていると、彼らと付き合うのがスムーズになり、とても楽しい。状態4のはっきりとした覚醒は、泣きやんだあとにも起こりやすく、静かになったからといってすぐにベッドに寝かせて離れてしまうのはもったいない。出産直後にも状態4は長く続くことが知られているので、親子の最初の出会いには最良の時間となるだろう。新生児の意識のアンテナが外界に向かって機能し始めるのは、実はこの誕生直後の瞬間からなのだ。

◎ブラゼルトン新生児行動評価尺度

さて、小児科学者であるブラゼルトン博士たちのグループが一九六〇年代から改良を重ねてきた「新生児行動評価尺度」(Brazelton Neonatal Behavioral Assessment Scale: BNBAS, 1994) は、新生児の行動に見られる個人的な特徴を測定する検査尺度であり、18種類の反射検査と27種類の行動観察項目から構成されている。生後三日目から二八日目くらいまでの生後一か月間の新生児が検査対象とされており、この検査を使うと、出産後もっとも早い時期での行動特徴を見ることができる。具体的にどのような検査なのか、少し紹介しよう。

まず不快刺激への馴れの程度を見る検査は、新生児が浅い眠りかまどろんでいる時に実施する。新生児の顔に短時間、数回にわたってライトをあてる。せっかく気持ちよく眠っているのに、まぶしくていやに違いない。新生児たちは、最初目をぎゅっと固く閉じたり眉をひそめたりといった「いやがり反応」を示すが、繰り返しライトをあてられていると、やがて馴れて平気になってくる。前章でもふれたが、これを心理学では馴化《じゅんか》、英語ではハビチュエーション（habituation）という。私たち大人でも、例えば部屋に満ちたラーメンの匂いは入室当初は気になるが、しばらくすると鼻が馴れて匂いを意識しなくなる。これと同じで、新生児も刺激に馴れることで外界への適応がよりスムーズになるのである。こうした音、光、匂い、触覚刺激などに対するハビチュエーション自体はどの子にも生じる現象であるが、その「馴れやすさ」に個人差があり、それを検査でチェックしていくのである。同様な不快刺激として、音や、かかとにチクッとする触覚刺激（ちょっと痛そうで気の毒だが、もちろん新生児に危険は及ばない）を用いて、それぞれの刺激に対してどのくらい早くハビチュエーションが起こるか見ていく。たくさんの新生児を検査していると、刺激の種類は違っても、最初の一〜二回でもう目が覚めて「やめてよ！」とばかり泣き始める「神経質」な子から、すぐに馴れてしまって、何事もなかったように眠り続ける子までかなり広い範囲に分布していることがわかる。

次頁の図5では、新生児がはっきりとした覚醒にある時に呈示される刺激への反応性を見ている。もちろんどの子も、目の前に出現した赤い円い物体にびっくりして、心臓がどきどきしたり息が少し荒くなったりしながらじっと見つめる。その後、ひとしきりその物体を目で確認すると、「もうわかったよ」という感じで比較的あっさりと興味を失って視線をそらしたり、あるいは情報過多で「疲れました」、というように目を閉じたりする子が多い。しかしなかには、かなり長い時間じーっと見つめ続けたり、ボールを縦横に動かすと首までまわして追視する熱心な子もいる。赤いボールに加えて、ガラガラやベルといった聴覚刺激、さらにテスターの顔を見せたり声をかけたりといった人間刺激に対する反応を測定していく。

運動や姿勢に対するコントロール（自己制御）性を見ていく検査もある。新生児はまだ首も座らないし、体躯に比して手足も頼りなげで、寝たままの姿勢しか無理なような気がするかもしれない。が、彼らには最低限身を守り

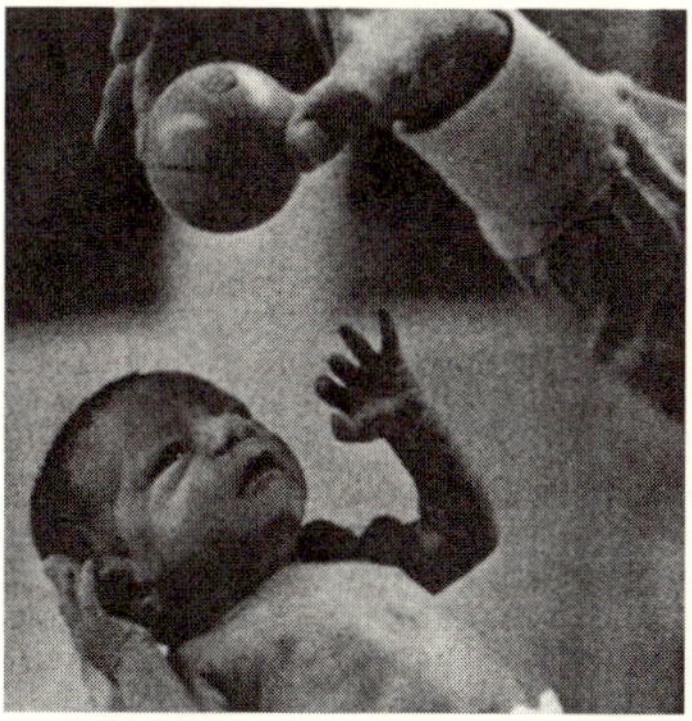
図5　BNBAS 反応性検査
（オリエンテーション）

生きていく上で必要な行動を取りやすいように、たくさんの反射（原始反射という）が備わっている。なかには歩行反射のように、生後三日目の新生児でも体を支えて足を床につけてあげると自動的に「歩行」するという、驚くほど組織立ったように見える反射行動もある。これらの反射はだいたい生後半年までにはほとんど消えて見られなくなってしまい、一歳を迎える頃、今度は子ども自身のいっしょうけんめいな練習とパパやママの励ましに支えられながら、あらためて歩けるようになっていく。人間の行動獲得のための発達は本当に不思議で、行動の原型というべきものは新生児期にも反射というかたちでかなり多く出現しているのに、あとでもう一度それらを大脳新皮質の働きによって学習しなおす、というプロセスを経るのだ。

こうした運動や姿勢に関する検査で測定していくのは、「どれだけ自分の行動をコントロールしようとするか」という新生児の試みにおける個人差である。座位への引き起こしの検査では、新生児の手を取って座位へと引き起こしていく。この検査自体は、健康チェックのために新生児室で実施されているものだが、どの子もまだ首が座っていないはずなのに、体の割にとても大きな頭部を懸命に正中線上に整えようとする。自分の行動を制御して組織だった行動を取ろうとする新生児の姿は、頼りなげな見かけからはとても想像できず、どこにこんなすごいパワーがあったんだろう、と感心してしまう。こうした姿勢制御のトライアルの際に、比較的あっさりと、されるがままの体勢に移行してがくっと頭をうしろにあずける子がいると思えば、顔を真っ赤にしながら一分近くもがんばって姿勢をコントロールしようとする子もいて、様々な反応の個人差が確認できる。

もう一つ、重要なものとして「泣きやすさ」と「なだめられやすさ」がある。ちょっとしたことですぐ泣くけれど、あやしてあげればすぐに泣き止む子もいれば、反対にがまん強くなかなか泣き出さないが、いったん泣き出すと静かになるのに一苦労、というタイプの子もいるなど、「泣き」をめぐる個人差は日常的にもよく経験する。こうした行動特徴を、BNBASでも「興奮性―鎮静性」として検査の中で評価していく。検査中のどこで・何回泣いたか、毎回どうやったら静かになったかを記録していくのだ。泣いた状態から静かになるまでのプロセスにも本当にいろいろなバリエーションがあって、興味深い。その様子を記録するために、泣いてもすぐに抱いたり声をかけたりはしないで、しばらくは新生児自身の対処行動を観察する。自分の手（新生児は手をぎゅっと閉じているので、こぶし、ということになるが）を口に持っていってチュッチュッと吸ったり、手近にある毛布や衣服の袖を握って吸ったり、という「自己鎮静」（セルフ・スージング）の技を見せてくれる子も多い。習慣化していて、指に吸いダコができている子にも会ったことがある。

私たち大人でも、不安な時には何かに触れたり包まれたりすると安心する。新生児も抱っこされるのがもちろん一番の解決策で、この検査をしていると、ひとりひとり落ち着く「抱かれ方」が違うことがよくわかる。子どもが一〇人いれば「十色」の抱き心地・抱かれ心地があるのだ。子どもをたくさん産んだ昔のお祖母ちゃんたちは、本当に抱っこ上手だったに違いない。

●個性の最初のプロフィール

こうした新生児の行動特徴は、子どもの個性の最初のプロフィールを形成する。泣き方に見られるような興奮性、はっきりと目覚めている時の提示物

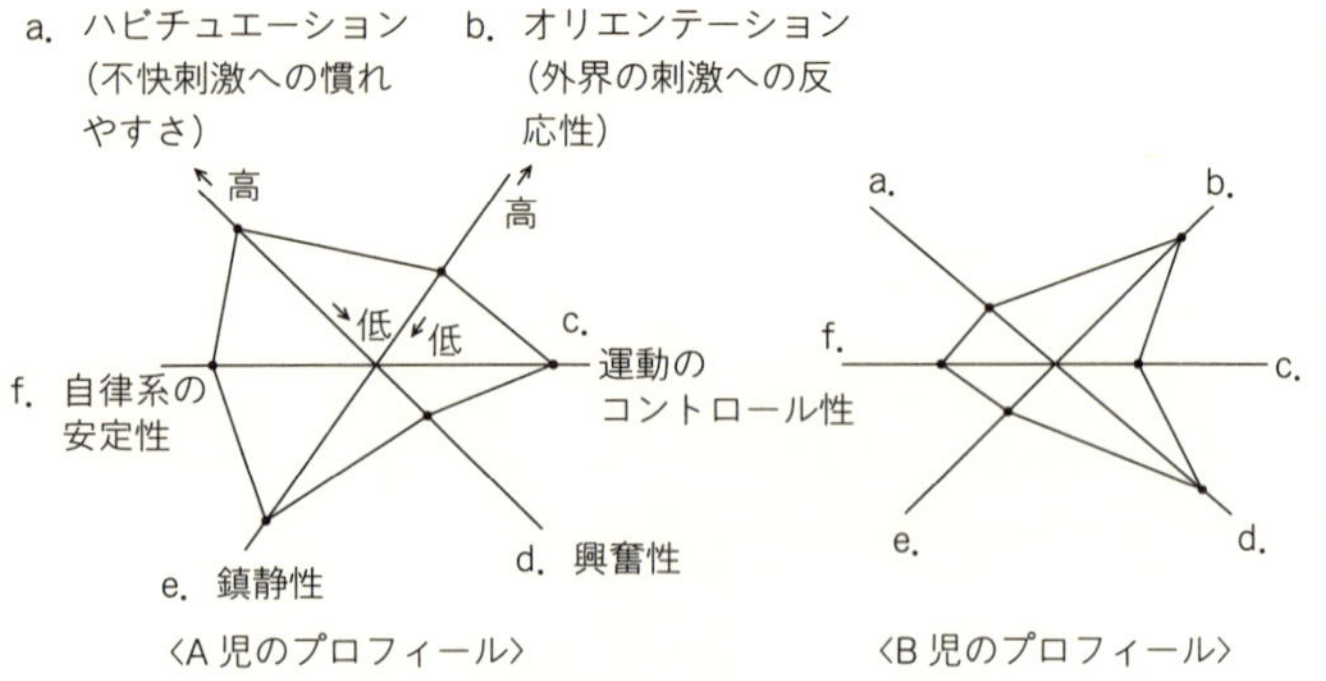

図 6　個性の最初のプロフィール
(BNBAS 6 特性から)

に対する反応性、不快な刺激に対する馴れやすさなど、ブラゼルトン検査で測定される特徴についてでさえ、図6のようにひとりひとり異なったプロフィールを描くことができる。

第1章で見たように、新生児は認知や学習能力においても「能力ゼロ」で生まれてくるわけではない。同様に個性についても、最初から豊かなバリエーションが存在するのだ。このことは、子どもをたくさん育てた昔のおばあちゃんやおじいちゃん、新生児室の看護婦さんや乳児院の保育士さんなど、多くの新生児に深く関わっている人たちには実感されてきたことなのかもしれない。しかし、身近に赤ちゃんに接することが少なくなってしまった今の日本の少子社会では、なかなか体験的に理解することは難しい。どうしたって一見するだけでは生まれたての新生児は無力に思えてしまうし、まだ個性と呼べるような特徴などないようにイメージされがちだ。人間の個性の「初期値」が予想以上に豊かなものであることを知るためには、現代においては、こうした心理学的事実をあらためて経由する必要があるのかもしれない。

さて、こうした新生児の行動特徴は彼らの社会生活にどのような影響を及ぼすのだろうか。次章では、いくつかの研究を紹介しながら見ていこう。

〈3〉新生児の個性が社会と出会う時

●個性の進化論的な意味

生物の個性を考える時、それがその種の進化にまで関わってくるには二つの基準があると考えられる。一つは、心理学的なパーソナリティの概念と同じように、その個体に見られる行動上の特徴が同じような状況では繰り返し出現すること。ゾウリムシの泳ぎにも、のんびりやさんとせっかちな特徴を示す個体があって、それは一定の期間持続する観察可能な個体差であるという（大沢 一九七七）。第2章で見た新生児の行動特徴も、生後一か月間といわれる新生児期の範囲では、同じような状況設定で繰り返し観察することができる。生物の個性的なふるまいが一回限りではなくある程度の持続性があるとしたら、それらを生み出している一つの背景要因として学習の効果とともにその個体が持つ遺伝子上の特徴を想定することが可能になってくる。遺伝子に関わる問題については、第II部で少し詳しく見ていくことにしよう。

そしてもう一つは、こうした持続的な行動特徴が生物の社会生活に何らかの影響力を持っている、と考えられること。つまり、他の個体にその特徴が「認識」されて、同種の個体同士の関係に意味を持って関わってくる時に進化的な意味が生じてくる。生殖に関わる行動特徴を考えてみると、最もわかりやすいだろう。秋の夜を彩るスズムシのオスの鳴き声の個体差は、メスをどれだけ引き付けられるかに関わる重要な意味を持っている。ポイントは音量？　それともブレスの入れ方？　スズムシのメスの評判を調査してみなければわからないけれど、メスに選ばれることの多いタイプの鳴き声を持つオスの遺伝子が残される確率は高くなるだろう。サルのように集団を作る動物だったら、順位付けに関係してくるような様々な行動特徴が進化に関わる重要な個性としてリストアップされるに違いない。

こうした基準から見たとしたら、新生児に見られる行動特徴は果たして個性といえるのだろうか？　第一番目の基準、すなわちある一定の期間安定する傾向があるという点では、これまでの多くの研究からブラゼルトン検査で把握できるような特徴については、少なくとも生後一か月程度はそれなりの一貫性を示すことが確かめられてきている。新生児や乳児の行動は急速に発達していく。人を見るという行動だけにしても、最初は視界に入ってきた人の顔を注視することはできても、自分からコミュニケーションをとることはまだできない。しかし一か月を過ぎて二か月目の半ばになると、人と目が合えば自分からにっこりと笑えるようにもなる。こうした大きな変化を遂げる乳児の行動特徴を、「刺激反応性」や「興奮性」といった新生児期と同じ概念で捉えていくことはとても難しく、生後二か月目以降の行動特徴との関連についてはまだ全体としてはよくわかっていない。また、誕生まもない頃に見られる行動特徴には、出産時の状況（早産や低体重、麻酔などの薬物を使用したどうか、など）が強く影響している時など、子どもの持つ本来の特徴を測定することが困難な場合もある。しかし、部分的な行動特性については少しわかってきている。例えば、ストレスに対する「我慢強さ」（ストレス耐性）の個人差の連続性を検討した研究（Gunnar et al. 1995）では、生後三日目にかかとを安全ピンでチクッと（痛そうだが、もちろん傷付けるようなハードなものではないので安心していただきたい）少し突かれる、というストレス負荷条件に泣かずに耐えられた子どもたちは、生後六か月時で、お気に入りのおもちゃを取り上げられるなどのこの年齢なりのストレスにも強い傾向が認められたという（図7）。話が少しそれるが、こうしたストレス耐性は一般に女性の方が男性よりも強いことが知られているが、この新生児を対象とした研究でもやはり女子の方が我慢強かったという。行動に見られる

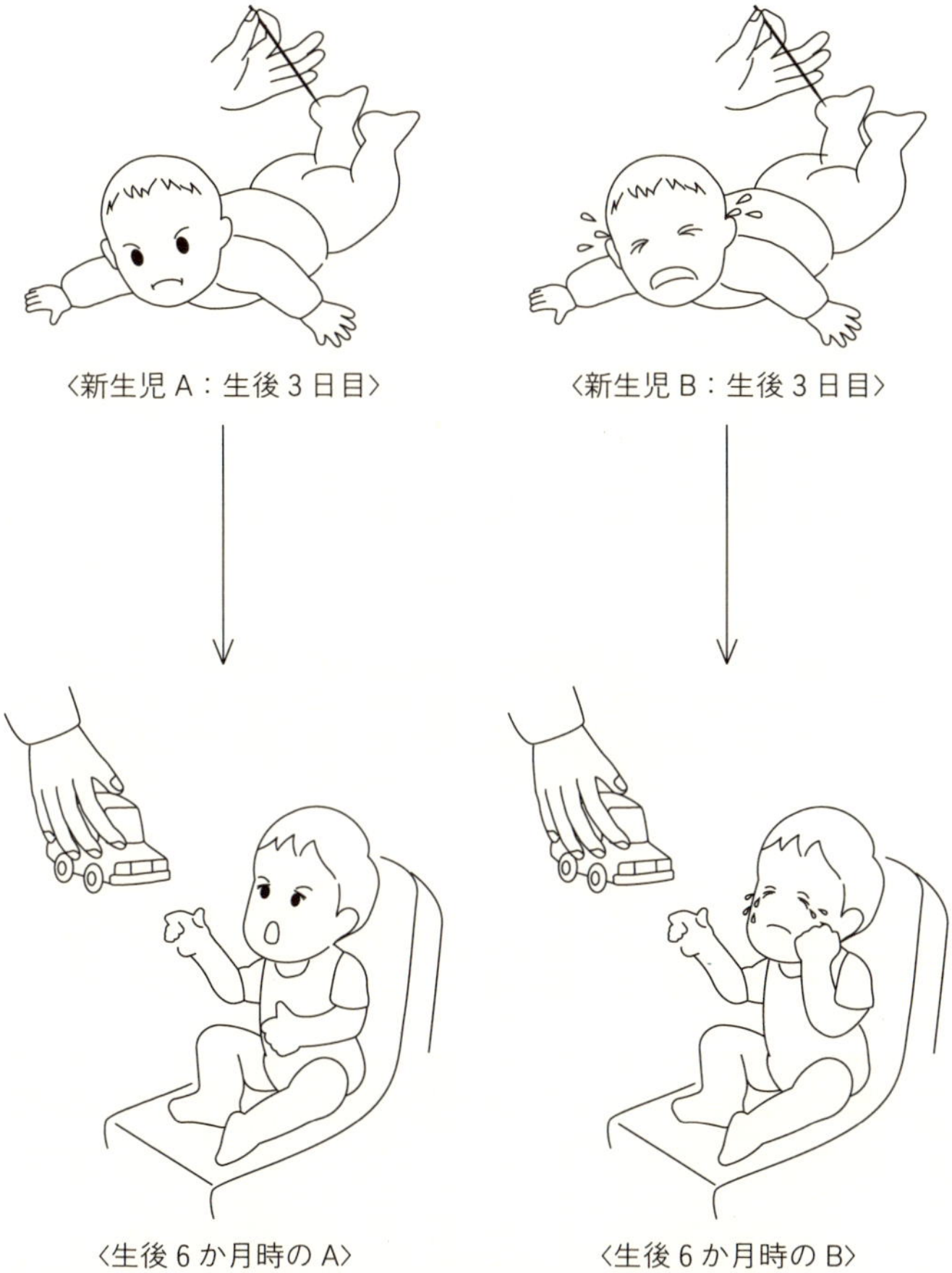

図7　ストレス・テンペラメントの実験図

生後３日目のかかとをピンで突かれるというストレスに強かった子は、生後６か月目でのお気に入りのおもちゃを取り上げられるというストレスにも強く、反対に生後３日目に大泣きする子は半年後もやはりストレスに弱い傾向があった。

個人差の問題とともに、男女差もまたとても興味深いテーマである。

私たちの研究でもブラゼルトン検査を実施した九名の子どもたちについて二歳になるまで毎月一回の行動観察を続けたが、新生児期の検査時に感じたA子ちゃんにはA子ちゃんの、B介くんにはB介くんの「その子らしさ」の基本的ティストのようなものは、やはり続いていたと思う。何事にもはっきりと行動する女の子に成長したA子ちゃんは、ブラゼルトン検査で提示された赤いおもちゃのボールにも驚くほどめりはり良く反応していたし、おっとりといつもご機嫌な少年B介くん（彼には縁あって小学校低学年まで会うことができた）は、やっぱり新生児の検査の時もほんわかソフトな反応が多かった。現在はまだ、急速に変化する新生児期から乳児期にかけての行動を適切な共通の尺度で測定することが難しく、先に見たストレス・テンペラメントのような限られた特性次元でしか連続性を確認できていない。今後、さらなる研究方法の進歩によって比較的長い期間にわたってその人らしさを醸し出す「ティスト部分」をもっとはっきりと把握できるようになるのではないだろうか。

以上のように、個人差が安定する期間があり得るかという第一の基準については、新生児期の範囲内あるいはストレス耐性のように六か月間の連続傾向が確認されていて、ほぼ基準を満たしていると判断することができるだろう。では、第二の基準、すなわち周囲の人に対する対人的影響についてはどうだろうか？　新生児に見られる行動特徴がブラゼルトン検査をしてみて初めてわかるだけのもので、彼らの生活の中で何ら他者に対する影響性を持たないとしたら、この第二の基準は満たされないことになる。しかし、すでに書いてしまったように、新生児室の看護婦さんたちは確かに経験的に新生児の行動特徴に気付いていて、お散歩に連れて行くおなじみの子ができたり、行動特徴をよく表現しているようなニックネームを付けたりしていた。この事実を何とかして「心理学的」に実証してみたい。

●新生児に対する対人的イメージ

心理学は、人間の意識や行動をあの手・この手で数量化し、そこに法則性があるかどうかを検討する学問である。無粋なことに、恋愛感情や夫婦の愛情関係だって「あなたは夫を本当に愛していると実感していますか」「妻のことなら何でも許せますか」といったアンケート項目を作成し、「非常によくあてはまる」なら七点、「全くあてはまらない」なら一点、などと得点化して夫婦関係の謎解きに迫ろうとする。ここでもこうした手法を用いて、新生児室の看護婦さんたちの子どもたちに対する感情を項目化して尋ねてみることにした。表3に、使用したアンケート項目の一覧を示した。対象児と接していてどのような気持ちがするか、いくつかの側面から聞いている。「いとおしい」や「かわいい」は愛着感を、「話しかけてみたくなる」「暇な時、あやしたり遊んだりしたい」はコミュニケーション欲求、「世話をするのが楽しい」「自分の子どもとして育ててみたい」「退院する時名残り惜しい」は養育欲求をあらわす項目である。一方、「やかましい」はうるささを、「こわれそうな（感じがする）」「弱々しい」などは脆弱性に関するイメージを尋ねている。「暇な時遊びたい」や「退院する時名残惜しい」などは、看護婦さんたちの会話の中で表現されていた言葉をそのまま項目化してみたものである。

新生児に対する行動検査は筆者だけが実施したので、看護婦さんたちはそこで子どもたちにどんな特徴が測定されたかは知らない。看護婦さんたちへのアンケートと、子どもの行動特徴に関する検査での数値との関係性に統計

表3　看護婦（師）さんに記入を依頼した対乳児認知アンケート項目

項　目	平均	標準偏差
1. あやしたい	4.36	1.11
2. いきいきしている	4.33	1.06
3. こわれそうな	3.21	1.23
4. いとおしい	4.11	0.91
5. やかましい	3.33	1.18
6. 弱々しい	3.33	1.34
7. 抱きしめたい	4.18	1.04
8. ぶよぶよしている	3.31	1.46
9. いじらしい	4.11	1.02
10. ふれてみたくなる	4.67	1.04
11. じゃまな	2.48	1.19
12. ふにゃふにゃしている	3.34	1.50
13. かわいい	4.82	0.89
14. わずらわしい	2.57	1.20
15. 話しかけてみたくなる	4.52	0.91
16. 働きかけに敏感に反応する	3.61	1.41
17. 心が通い合うような気がする	3.62	1.29
18. 個性的である	4.07	1.34
19. 自分の子どもとして育ててみたい	2.97	1.37
20. 世話をするのが楽しいい	4.28	1.05
21. 退院する時名残り惜しい	3.80	0.93
22. 暇な時あやしたり遊んだりしたい	4.03	1.22

学的な「お墨付き」が得られたとしたら、新生児の行動特徴の持つ対人的な影響性の一端を少し科学的に示せたことになる。

生後三日目の四五名の新生児（男児二〇名・女児四五名）を対象として実施した研究（菅原　一九九四）の結果は、表4のようになった。表中の数値は相関係数であり、変数間の関係性が強いほど高い値を取る。一方の変数で高得点だったらもう一方でも高得点、低得点だったら同じように低得点という

表4　BNBAS 因子と対乳児認知因子の得点間相関係数

BNBAS 因子	対乳児認知因子				
	1. 愛着感	2. コミュニケーションできそうな感じ	3. 養育欲求	4. うるささの評価	5. 弱々しさの評価
1. 反　応　性	.27	*.49***	.33	.22	.04
2. 刺激順応性	−.08	−.15	−.03	*−.36**	*−.49***
3. 興　奮　性	.30	.32	.15	.30	.10
4. 鎮　静　性	.17	*.54***	*.39**	.00	.12
5. 運動成熟性	.30	*.37**	.18	−.32	−.12
6. 運動のコントロール性	.08	.28	.21	.13	.12

*p＜.05　**p＜.01

関連性がある場合、両者の高低が完全に一致すると最大1・0という値を取る。また、実測された二つの変数の関連性を一般化できるかどうかは、サンプルの大きさ（対象者数）と得られた相関係数の大きさで判断することになる。ややこしい言い方だが、「関連性がないとは言えないでしょう」（帰無仮説の棄却）という保証が統計学的に得られると、相関係数の右肩に「花マル印（＊）」を付けることが許される。花マルが二つなら保証の程度はより高く、一つなら、それより低いけれど一応関連性は想定してもよろしい、という範囲の関連性を示している。

表4を見ていただくと、花マル二つの水準に達したのは、看護婦さんたちのコミュニケーション欲求と、ブラゼルトン検査で測定された提示刺激への反応性および鎮静性との関連性であった。提示された刺激をじっと見ることが多かったり、それが動かされた時の定位反応が活発で「好奇心」が旺盛な子ほど、また泣いた時になだめられやすい子ほど看護婦さんたちのコミュニケーション欲求も高得点となる。不快な刺激に馴れにくくて、ちょっとし

た刺激で不機嫌になることが多いほど、看護婦さんたちの子どもに対する脆弱性（弱々しさ）の評価が強まる、という関連性も花マル二つであった。花マル一つの関連性を含めて、検査で実測された行動特徴が看護婦さんたちの子どもに対するイメージに影響する可能性をデータとして示すことができたのである。

その後、別の機会にブラゼルトン検査を実施した九五名の新生児とその母親たちを対象に同様な調査を実施してみたが、母親の我が子に対する第一印象とも同じような関連性があることを確認することができた。これらの母親の中には、生後一か月目に面接をした時に「先生、もうそろそろ子どもの目も見えてきているんでしょうか？」などと質問する人もいる。ふつうの親たちは「新生児は最初からそれなりに視覚が機能していて追視行動が可能である」とか「新生児の行動にも個人差がある」といった心理学的知識をとくに日常生活で意識しているわけではない。にもかかわらず、子どもの持つ行動特徴を何らかの方法で情報処理し、その処理結果を含んだうえでの我が子イメージを形成している可能性が考えられるのである。私たちの「無意識」の情報処理活動の不思議さを示す現象の一つともいえよう。

◎母子相互作用との関連

では、実際の親子の行動レベルのやりとりに対する影響性はどうだろうか？　生後二か月間の母子相互作用に関する家庭観察の結果、生後三〜四日目に測定された反応性や運動のコントロール性などと母親の子どもに対する行動頻度との間にいくつかの関連性を見出すことができた。新生児期に高い反応性を示した子どもや運動や姿勢の自己制御性が高かった子どもほど、生後二か月間の母親の養育以外の接触（スキンシップ）が多くなることを示している。もちろん、どのケースも十分な母親のスキンシップがおこなわれていて何の問題もないのだが、さらにそれにプラスアルファがされるかどうかというところに、子どもの行動特徴が影響している可能性が考えられるのだ。反応性の得点が高いということは、はっきりと覚醒している時間が長く、開眼時に人の顔や声をよりしっかりと定位する可能性が高いことを示しているし、運動のコントロール性が高ければ、他者が子どもを取り扱う際にしっかりと抱かれようとするなど身体的反応がはっきりとしていて手応えが感じられやすくなる。こうした子ども側の特徴が、日常生活における母親との相互作用場面でも母親の働きかけをより促す効果を持っているのかもしれない。

"Child effects on adult" という言葉がある。「子どもは大人に影響を及ぼす」という意味だが、以前の環境決定論で考えられていたように、子どもは一方的に環境によって影響され形作られるだけの存在ではない。最初期から子どもの持つ特徴もまた、大人との関係に影響力を持っている。新生児に見られるこうした行動特徴は、その後、多くの環境要因と出会って変化したり、あるいは安定化していく。生後まもない頃の特徴がそのままのかたちで継続していくということは、理論的にも現実としても決してあり得ない。いったいどのような環境との出会いによって子どもの個性は発達していくのだろうか。次章では、親子の最初の出会いについて見ていこう。

〈4〉親と子——個性と個性の出会い

◎親が抱く我が子に対する性格イメージ

新生児室に並ぶ赤ちゃんたちをガラス越しに眺める親族やお見舞いのお客さんたちを観察していると、「かわいいねー」「パパにそっくり」などといった容姿に関するコメントとともに、「元気が良さそう」とか「おっとりしてる」といった性格に関連する言葉がたくさん聞かれる。なかには「お母さんに似て気が強そうだね！」などと評するおばあちゃんもいて、他の子たちと同じように元気良く泣いているこの子の、いったいどこを見てこうした感想が出てくるのかと首をひねってしまうこともある。こうした性格イメージは誕生後まもなくから持たれるものであるが、生後半年も過ぎると実に豊かなものになってくる。

生後六か月の子どもを持つ七〇八名の母親に我が子についての性格イメージを尋ねてみたところ（菅原 一九九二）、「わんぱくな」「人当たりがいい」「根に持たないタイプ」などなど、一六七種類もの性格イメージが並んだ（47頁表5参）。調査前には、生後六か月目の赤ちゃんに対して性格をイメージして下さい、というのは時期尚早で、「わからない」とする母親が多いに違いないと予想していた。しかし、実際には無記入だったのは全体のわずか2％（一四名）で、ほとんど全員が思い思いのイメージを記述してくれたのである。記入欄の大きさは6×13センチで七本の罫線が引かれていたが、欄いっぱいに記述されているケースが多く、欄外も使って詳細に書かれているケースもかなりあった。「このままではいじめられっ子になるのでは」と心配している親もいれば、「男らしい寛容な人物で大物になれそう」と遠い将来まで展望する親もいた。いくつかケースを紹介してみよう—

・生まれて一か月頃から話しかけると笑い、お話ししてくれた浩太は、今でもおませです。上の男の子と比べると、体の成長は同じくらいなのに、行動パターンが全然違っていておもしろい。きかん坊で好奇心が強くて、食いしん坊。性格は陽性で、少々のことにはこだわらず、不敵というか強いというか—。このままの性格で成長してくれたら、男らしい寛容な人物で、大物になれそうです。

・人なつこく、がまん強く、あまり自分を出さずにまわりと協調していく人間のように思えます。今の時代には少し心配です。

・すっかり親に似てしまったのか、活発さが足りない。将来、女の子にもいじめられるのではないかと心配だ。
・好奇心旺盛。“Going my way”のようでいて、その実、周囲を気にする気分屋。

いかがだろうか。まるで新人社員の紹介欄のような記述もあって、まだはいはいもできない我が子に対して抱く親たちの人物イメージの豊富さに、驚き、感嘆しながらの集計作業となった。

●乳児に対する性格イメージの構造

では、こうした性格イメージはどのように分類することができるのだろうか。まず、一人一人の母親の記述欄を切り取り、識別番号とともにカードに貼る。広い会議室の大テーブルいっぱいに広げられた約七〇〇名分のカードを読み、文中で使用されている性格イメージに関する表現にアンダーラインを引く。そして近い内容のものを集めていき、小さなカテゴリから大きなカテゴリへの分類作業を経て、表5のような一一の分類カテゴリを得た。例えば、〈活発さ〉のカテゴリには「いたずら小僧」なんて可愛らしい表現もあったし、反対に「乱暴」「荒っぽい」など、生後六か月児のどんな行動を指しているのか知りたくなるような表現もあった。〈明るさ〉では「根に持たない」「陽気」など、〈社会性〉では「外弁慶」「内弁慶」という古風なイメージも使われていた。そのほか、〈忍耐力〉のカテゴリに入る「がんばりや」や「がまん強い」はわかるような気がするが、「根性がない」とはいったいどんな赤ちゃんなのだろうか？　血液型性格論まで飛び出し、「典型的なO型人間」と評されていたり、「天使のような性格」とエンジェル・ベビーそのものの表現など、実に多様な表現が記載されていた。

表5の一六七種類の性格イメージのうち、各カテゴリを代表するようなイメージ語について、同じ母親七〇〇名に複数回答法（あてはまるものすべてに丸印をつけて選択してもらう）で生後六か月児の我が子にあてはまるかどうかを尋ね、その結果をクラスタリングするための解析を実施した。図8のように、これらの性格イメージは「活動性」と「情動のコントロール性」の二つの軸で分類できることがわかった。活動性が低くて情動のコントロール性が高い、つまり挙動は静かで喜怒哀楽の表出はマイルド、といった特徴を示

〈積極性に関する語：計 9 種類〉

積極的(4)・冒険心がある(1)・大胆(2)・物おじしない(1)・意欲的(3)・たくましい(4)・頼もしい(2)

おくびょう(7)・こわがり(1)

〈自立性に関する語：計 17 種類〉

自立心が旺盛(1)・自己主張が強い(7)・物事に動じない(7)・強い(7)・力強い(2)・マイペース(11)・意志が強い(2)・意志がはっきりしている(15)・好き嫌いがはっきり(8)・どっしりとしている(3)・堂々としている(1)・不敵な(1)・しっかりしている(2)

依頼心が強い(1)・甘えん坊(110)・甘ったれ(18)・さみしがりや(41)

〈忍耐力に関する語：計 14 種類〉

がまん強い(16)・がんばりや(13)・しんぼう強い(1)・根気強い(2)・忍耐強い(1)・粘り強い(3)・気長な(1)・努力型(1)・芯が強い(7)

短気(18)・おこりんぼう(3)・癇癪もち(9)・根気不足(1)・根性がない(1)

〈自己中心性に関する語：計 17 種類〉

わがまま(17)・自己中心的(2)・強情(11)・我が強い(7)・いじっぱり(10)・がんこ(30)・ヒステリー(2)・自己顕示欲が強い(1)・きかんぼう(12)・勝気(1)・負けず嫌い(3)・気が強い(50)・きつい性格(3)・欲張り(1)・気性が激しい(3)

あきらめがいい(1)・さっぱりしている(1)

〈情緒の安定性に関する語：計 18 種類〉

おだやか(49)・おおらか(19)・おっとり(30)・いつもニコニコ(9)・常に機嫌が良い(3)・気分にムラがない(1)・のんびり(20)・のんき(8)・ゆったり(2)・温和(3)・温厚な(3)・情緒が安定している(1)

情緒不安定(1)・気分屋(1)・気まぐれ(1)・喜怒哀楽がはっきり(15)・泣き虫(21)・移り気(1)

〈その他：計 18 種類〉

冷静(1)・落ち着いた性格(1)・やさしい(11)・用心深い(3)・慎重(3)・気難しい(5)・せっかち(2)・まめ(2)・順応性がある(3)・怠け者(1)・おませ(4)・くいしん坊(2)・マザコン(1)・ママッ子(3)・O型人間(1)・手がかからない(36)・やわらかい(1)・天使のような性格(1)

総計：167 種類

表5　性格・イメージに関する研究から

（菅原 1992）

生後6か月時における我が子の性格・イメージを表現する言葉
（母親の自由記述をKJ法により分類、（　）内は出現頻度、N＝708）

〈活動性に関する語：計17種類〉

活発(123)・元気(34)・活動的(2)・行動的(5)・威勢がいい(1)・おてんば(1)・生き生きした(1)・やんちゃな(2)・わんぱくな(1)・いたずら小僧(1)・動的(1)・落ち着きがない(11)・乱暴(1)・荒っぽい(1)・うるさい(1)

おとなしい(87)・静かな(4)

〈明るさに関する語：計12種類〉

明るい(91)・陽気(1)・陽性(1)・明朗活発(2)・ほがらか(1)・健康的(3)・無邪気(1)・根に持たないタイプ(1)・おしゃまな(1)・物事にこだわらない(1)・のびのびしている(2)・にぎやか(1)

〈社会に関する語：計21種類〉

愛想が良い(37)・愛嬌がある(36)・人なつこい(38)・協調性がある(1)・社交的(2)・外向的(1)・外面が良い(5)・人あたりが良い(2)・ひょうきん者(8)・おしゃべり(10)・周囲を気にする(1)・話し好き(2)・外弁慶(1)

愛想が無い(1)・内気(1)・恥ずかしがりや(3)・引っ込み思案(1)・無口な(1)・内向的(1)・内弁慶(8)・自閉的(1)

〈知性に関する語：計7種類〉

賢い(1)・頭が良い(1)・聡明(1)・のみこみが速い(1)・カンが鋭い(1)・探求心旺盛(1)・好奇心が強い(10)

〈集中力に関する語：計5種類〉

集中力がある(3)

集中力がない(5)・あきっぽい(7)・気が散りやすい(2)・注意散漫(1)

〈感受性に関する語：計11種類〉

繊細(1)・感受性が強い(2)・表現力豊か(2)・神経質(49)・デリケート(1)

おおざっぱ(1)・鈍感(2)・単純(2)・無頓着(1)・ぼくとつ(1)・神経が図太い(1)

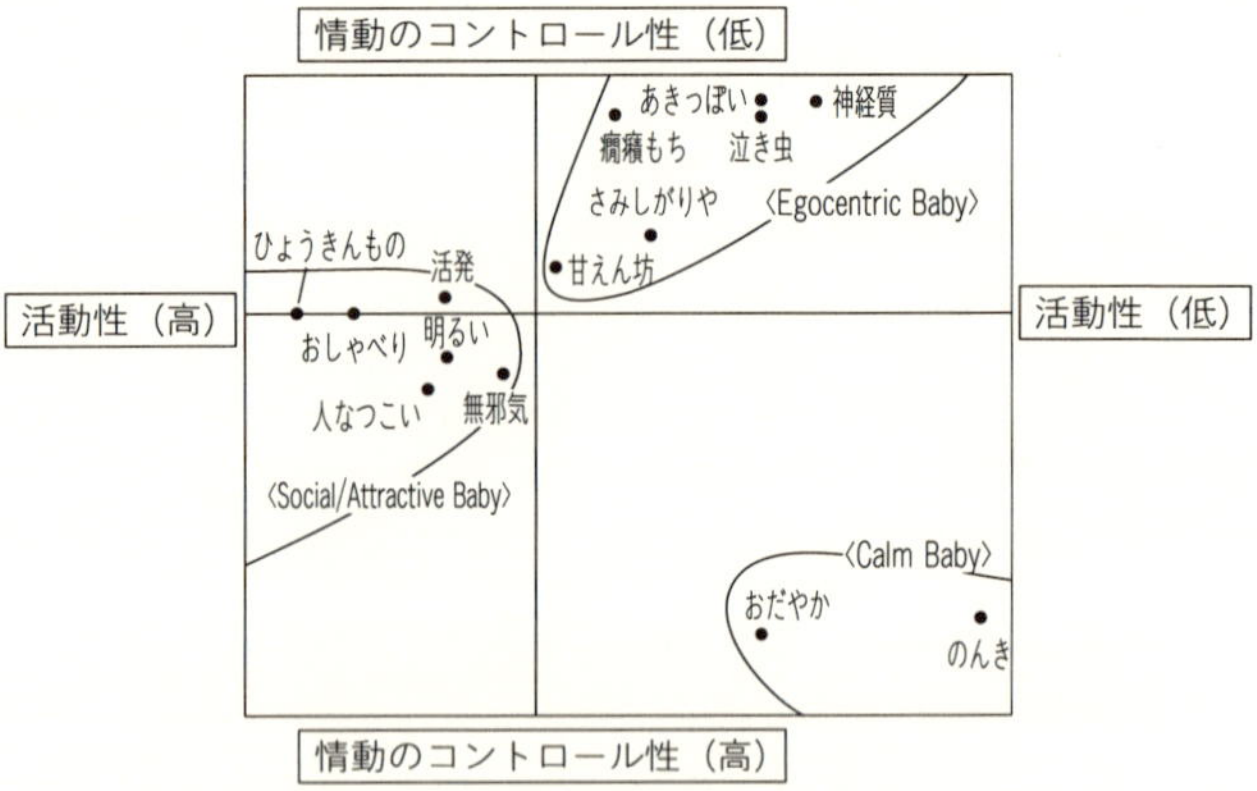

図8　乳児（生後6か月）に対するパーソナリティ・イメージの構造

すが、そこに「おだやか」と「のんき」のイメージ語が布置している。活動性は高いが情動のコントロール性は中位～高めのところに「明るい」や「ひょうきんもの」などが、また情動のコントロール性は低く活動性も中位～低めのところに「神経質」や「泣き虫」、「癇癪もち」などの項目がそれぞれ一群を成した。各クラスターの特徴から、それぞれに「おっとりタイプ」「社交的タイプ」「自己中心的タイプ」と命名し、今回の研究では乳児に対する性格イメージはこれら三つのクラスターに分けられることが示されたのである。

　母親が我が子に対して抱くこうした性格イメージは、もっと年長の子どもや成人に対するものと共通点を持つのだろうか。同じような手法を用いて、幼児（一歳六か月二一七名・四歳三一五名）や小学生（三年生二一八名・六年生二八八名）を持つ母親の我が子イメージ、さらに成人に対するイメージということで、七〇八名の妻（先の生後六か月児の母親七〇八名には自分の夫についても同様な質問への回答を求めた）の夫に対する性格イメージについても分析してみた。

その結果、乳児に対するよりも使用される性格イメージはさらに豊富なものになり、クラスターも一つ増えて「社交的タイプ」「自己中心的タイプ」「優等生タイプ（がんばりやでおだやか、聡明なイメージ）」「内向タイプ（おとなしくて繊細、引っ込み思案な弱々しいイメージ）」の四タイプにわかれた。しかし、これらを分類する基本的な軸は乳児と共通で、年長児や成人に対する性格イメージも「活動性」と「情緒的コントロール性」の二つの軸であることが示された（次頁の図9・10）。これらの結果から、母親たちは生後六か月という発達初期の段階からすでに、成人に対するイメージ描写と共通の認知的枠組みを用いて我が子に対する性格イメージを形成していると考えることができるだろう。

私たちは、ある人の性格イメージを描く時には、初対面の人でさえその人の会話内容や立ちふるまいの様子、学歴や職業、趣味などたくさんの情報を総合して「あの人は〇〇な人だ」と判断していると自負している。しかし、こうした赤ちゃんに対する性格イメージの形成プロセスを検討してみると、

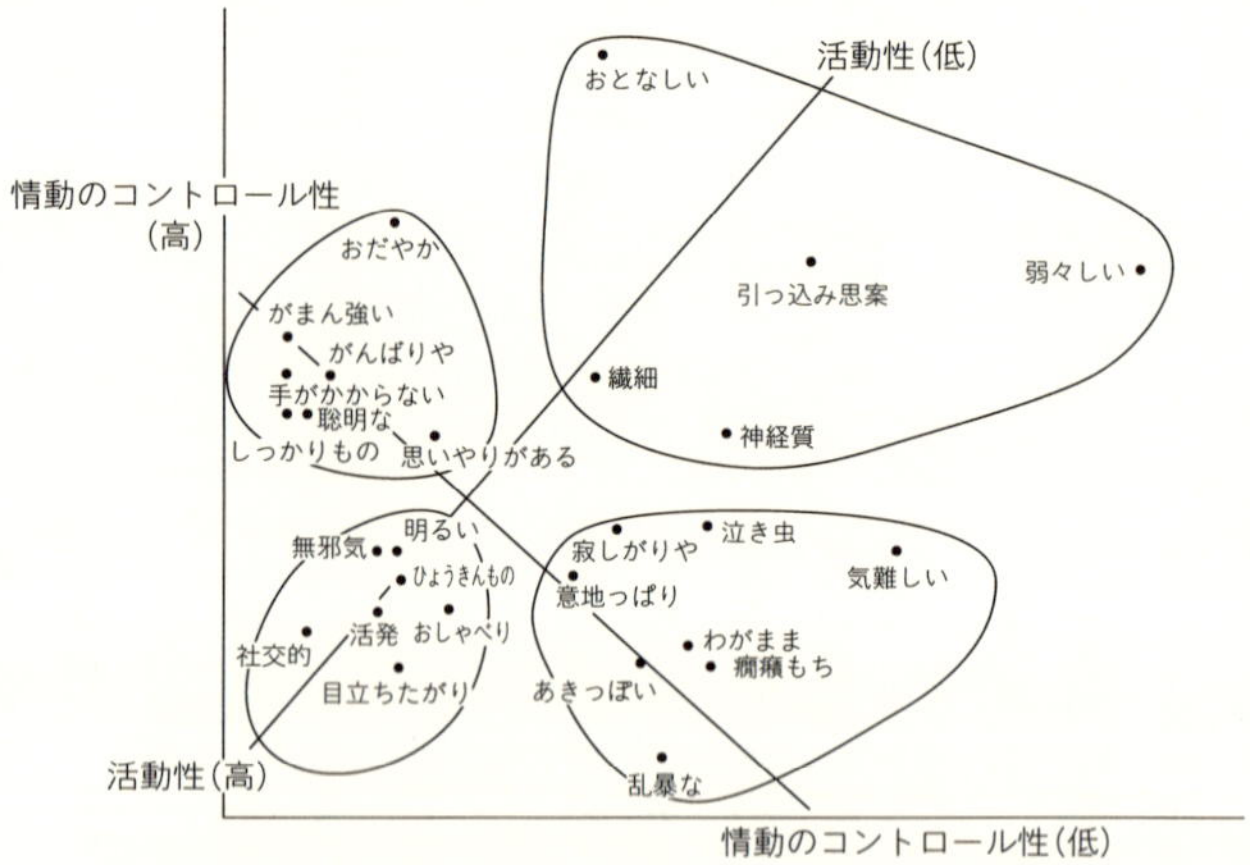

図 9　幼児期から児童期のパーソナリティ・イメージの構造

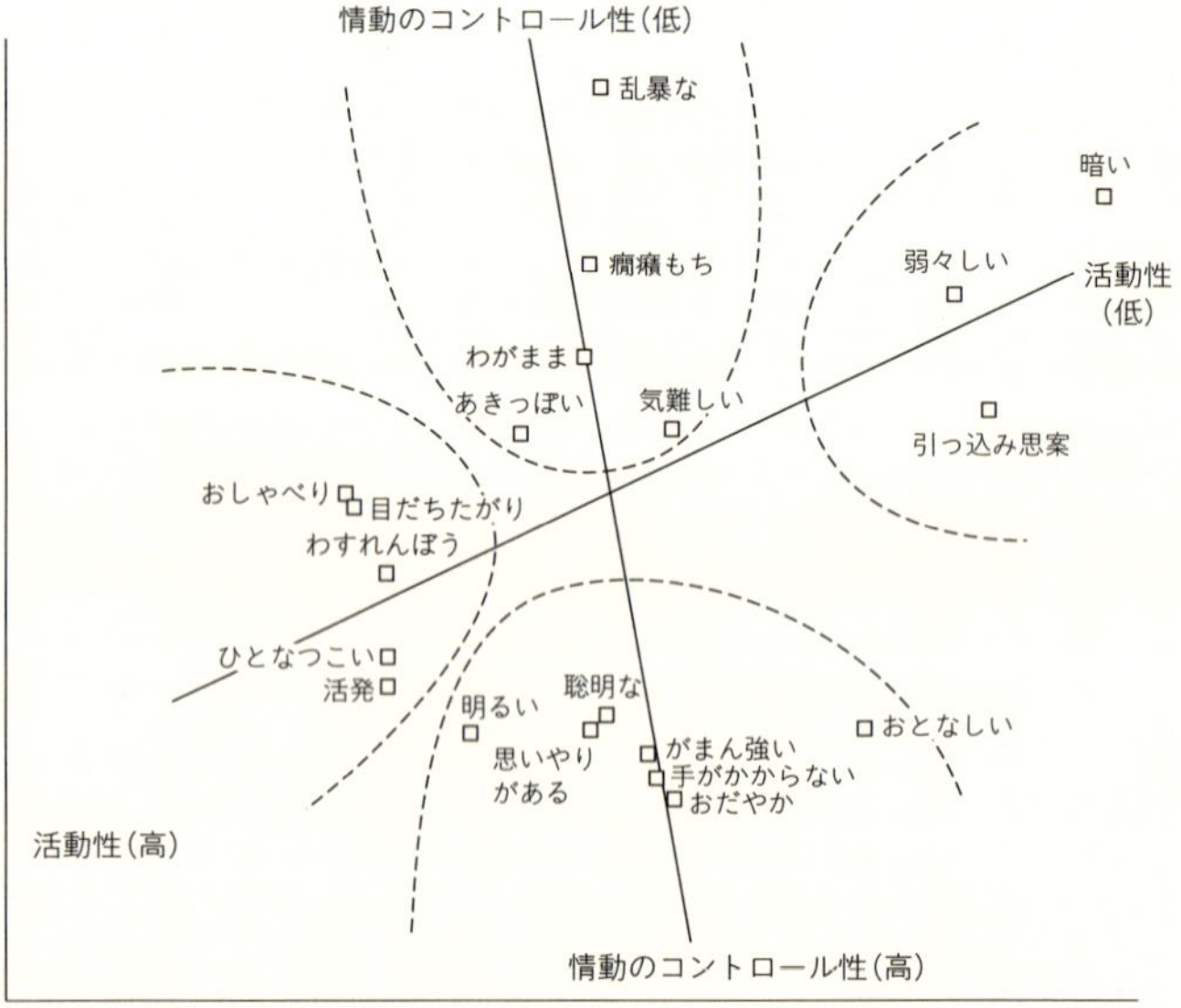

図 10　成人に対するパーソナリティ・イメージの構造

案外その根拠は小さなものでもかまわないのかもしれない、と思えてくる。生後六か月児とは膝をわって話し合うこともまだできないし、彼らが本当に何を好きなのかも想像の域を出ない。にもかかわらず、成人に対するのに劣らないような豊かな人物像を描くことができるのだ。また、親側からすると、こうした性格イメージを描いてしまった方が赤ちゃんとつきあいやすくなるという事情もある。子どもがお客さんに人見知りして泣いてしまっても、「すみません、うちの子は恥ずかしがりやで、初めての人は苦手なんです」と弁解しやすくなるし、なかなか泣き止まないときも「はいはい、あなたは本当に強情なんだから」と相手の性格を持ち出して納得することもできる。それに「〇〇ちゃんって、自分がはっきりしてて〝我が道をいく〟タイプだよね！」といった「親ばか色」の濃い我が子の人物談義は、よその人にはあまり聞かせられないとしても、家族の間では楽しい限りである。いずれにしても、ブラゼルトン検査で測定できるような客観的な行動上の個人差も広範囲にわたるものだが、こうした親のイメージ世界の中での赤ちゃんの個性も相当に豊かなものであるということができるだろう。

◎ラベリング理論

こうした性格イメージのラベルを子どもに付与することを「ラベリング」と呼ぶが、ラベリングの作業には親自身の持つ個性や価値観が色濃く影響する。例えば、客観的に見て同じように高い活動水準を持つ女の子が二人いたとしよう。他の性格特性もよく似たプロフィールを持っていたとする。片方の子の親は「女の子はおとなしい方が良い」という伝統的な性役割観を強く持っているので、その子の活発な行動を好ましく思えず「落ち着きのないがさつな子」と評価の低いラベリングをする。しかし、もう一方の親は、元気こそ子どもらしさのトレードマークだと考えているので、今度は「生き生きとして生命力にあふれた子」と肯定的なラベリングをするかもしれない。

さらに、否定的なラベリングであれば、子どものそうした行動を抑制し消去しようとする親の養育行動（「静かにしなさい！」と注意したり禁止したりする）が多くなり、その子はできるだけおしとやかに振る舞うように努力するようになる。反対に肯定的なラベリングをしている親だと、同じような大騒ぎの場面でもにこにこ笑って「本当に元気なのね」と大目に許してくれたりする。そうすると、心理学的用語でいえばその子の活発な行動は強化さ

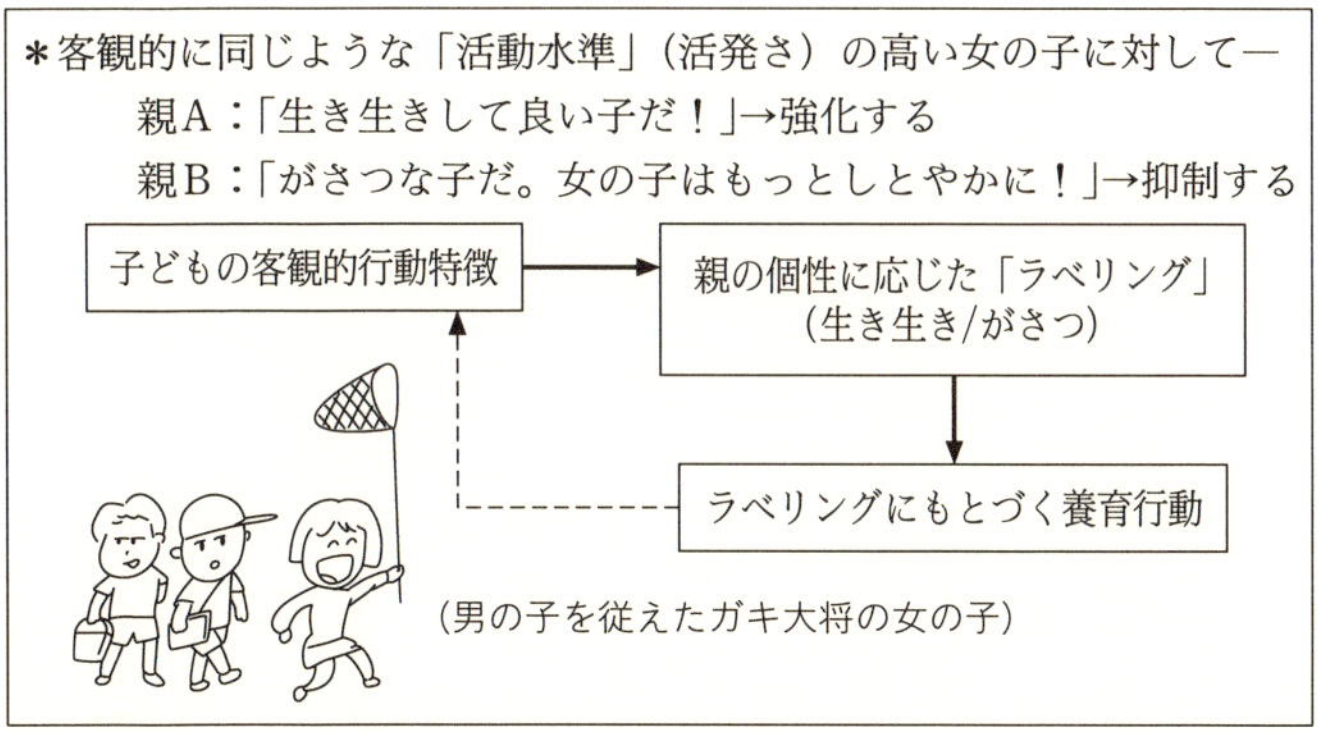
＊客観的に同じような「活動水準」（活発さ）の高い女の子に対して―
親A：「生き生きして良い子だ！」→強化する
親B：「がさつな子だ。女の子はもっとしとやかに！」→抑制する
子どもの客観的行動特徴
親の個性に応じた「ラベリング」
（生き生き/がさつ）
ラベリングにもとづく養育行動
（男の子を従えたガキ大将の女の子）

図11　子どもに対する性格イメージの付与：ラベリング・モデル

れて「さわいじゃってもいいんだ！」とますます活発さが磨かれ、安定化の方向に向かうかもしれない。親のラベリングが子どもの行動コントロールに果たすこうした役割を考えてみても、「子どもの行動をどう見るか」に関わる親の好みや意見は、子どもの個性の発達に最初から深く関わっているといえるのである。

おとなのラベリングの重さ

こうした乳児に対するラベリングは子どもに対する全体的な満足感とも関連があって、たとえば「お子さんの現在の様子にどのくらい満足していますか？　100点満点で点数をつけてみて下さい」と尋ねてみると、同じような行動特徴のプロフィールを持っている子どもでも、親がそれを肯定的にラベリングしていると平均点は高くなる。しかし、否定的にラベリングしていると、その得点は比較的低いものとなってしまうのである。

この事実は、実際の子育てや教育の場面では大きな意味がある。親や保育士、幼稚園教諭や学校の教師など子どもにとって大きな影響力を持つ大人が、「この子のこの性格は大好きだし、どんどん伸ばしてあげたい」と肯定的に思う時はいい。よほど偏った価値観でない限り、子どもは伸びやかに成長することができるだろう。しかし、反対に「この子は強情でとても手に負えない」「この子の軟弱な性格はどうしても好きになれない」などと深刻な否定的ラベリングをしてしまったとしたらどうだろうか。そうすると、子どもに対する評価はどんどん低下し実際のコミュニケーションもうまくいかなくなる。ついには子どもに対して「だめな子」とか「あなたなんか嫌い」という持ち出し禁止の人格攻撃にまで至ってしまい、子どもも「ママや先生はぼくを好きじゃないんだ」と不安感を募らせて、ますます不安定な行動を表出しやすくなってしまう。こうした悪循環に陥って悩んでいる親や先生方は意外に多いのではないだろうか。子どもの個性を本質的にどう考えればよいかは本書の第II部でゆっくりと検討していきたいが、ここではこの悪循環から抜け出す知恵について少し考えてみよう。

一つの大前提は、本当に「だめな個性」などこの世にはない、ということである。人類の歴史は少なく見積もってもすでに一五万年の歩みがある。もしも本当に人間の生存にとって不必要な「だめな」行動特徴だったら、その特徴を有する個体は子孫を残すことができず、それはとっくに淘汰されているはずである。だとすれば現在も残っているすべての行動特徴はみんなそれなりに人間の社会や個人の適応に何らかの有意義な機能を持っている、と考える方が理にかなっている。例えば、「大泣き」する赤ちゃん。ちょっとしたことで盛大に泣く赤ちゃんは、手がかかってたしかに親や保育士泣かせであるが、そのぶん、頻繁に大人にかけつけてもらえて抱っこや語りかけなどのコミュニケーションの機会も多くなる。いざサバイバルがかかったような緊急時にもその大きな泣き声のために救出される確率も高くなるかもしれない。注意散漫で多動な子もそうである。親からすると、お散歩中でもおとなしく手をつながないし、ちょろちょろ走り回って「待ちなさい！　止まりなさい！」と叫ばなくてはいけないし、本当に疲れてしまうことが多い。しかし、彼らの好奇心の旺盛さと「気になったら現場に駆けつけてみる」という腰の軽さは、どこを探しても楽しいことなんかない、という気の毒な大人たちから見れば羨ましい限りである。彼らは退屈知らずの楽しい毎日を過ごしている、と見ることもできるのだ。こうしてちょっと発想を変えて考えてみると、親にとっては否定的に感じる子どもの個性も、それなりのメリットを持っていることが見えてくる。

では、どうやって子どもの個性の良い面を発見していけばよいのだろうか。一つには、第三者の意見を聞いてみるとヒントが得られることがある。「わたしにはあの子の強情さがどうしても気になるんだけど」と、その子をよく知っていてくれて信頼できる人に相談してみる。そうすると「自分の意見をはっきり持っていていいんじゃない」と別の見方を提供してもらえるかもしれない。そうか、強情というより強靭《きょうじん》な自我を持っている（結局同じようなことなのだが）ということなのか、などとポジティブな別のラベルを採用してみることができると、少し気が楽になるはずである。筆者にもそうした体験があって、本当に救われた気持ちになった思い出がある。

我が家の次男は保育園時代、先の例の通りのきわめて好奇心過多で多動な子どもであった（小学生になった今でも片鱗はしっかりと残っているが）。バス停から保育園の正門までの二〇〇メートル足らずの道を歩くのも、虫を見つけてしゃがみこんだり急に別な方向に走り出したりでちっとも進まず、時間にあせる親がついに強制的に抱っこして登園するような毎日が三歳過ぎても続いていた。一事が万事のちょろちょろさに疲れてきっていたある日、保育園の担任の先生に「本当に多動で困っています。先生にも申し訳ないです。」と相談したところ、先生はにこにこ笑いながら「しゅんちゃんは本当に自由で、あれがおもしろいって思うと、まるで蝶々みたいにひらひらと花から花へ飛び回るんですよねー。いいですよねー。」とおっしゃって下さったのだ。きっと先生も手を焼いていらっしゃったには違いない。でも、「花から花への蝶々」という、「ひらひら」な現状を語りつつ、それでも最大限のポジティブなラベルで表現して下さったことは、当時の子育てストレスいっぱいの母親には本当にありがたかった。そうか、この子は「蝶々」だったのか。すとん、と気持ちが楽になったのをなつかしく覚えている。

もう一つ重要なことは、子どもの個性の評価には「おとなの都合」が多分に含まれていることに気付くことである。おとなしくてよく眠る赤ちゃん。親にとってはラッキーな子どもである。しかし、その子がそのままのおとなしさで小学生に成長したとしよう。授業参観で先生に指されてもはっきりと答えられなくて、親が恥をかいた気分になったりすると、今度はそのおとなしさがだめなことのように思えてくる。まさに「今日の強みは明日の弱み」である。逆もあるだろう。同じ特徴なのに、発達とともに周囲が期待するものが変化することによって、その評価が180度逆転することもあり得るのである。先生も同じであろう。授業をしやすい生徒を「良い子」と思いがちになることを自覚する必要がある。大人にとっての都合の良し悪しだけから子どもの性格をラベリングし、子どもを追い詰めることのないように、子どもの個性の評価に対する「柔軟性」や「風通しの良さ」を大切にしたいものである。

◎個性と個性の出会い

ここまで見ていただいたように、誕生まもない小さな赤ちゃんにも予想以上の豊かな個性があり、それが親と子の最初の出会いにも関わりを持つことが様々な研究からわかってきた。その意味では、親子関係の中にも子どもは初期値ゼロで登場してくるのではないといえる。こうした発達の最初期に見られる子どもの個性は、成長にともなって、あるいは子どもが関わる環境との相互作用によって様々にかたちを変えていくが、その変化や安定化のプロセスには親自身の持つ個性も、例えばラベリングのような過程をとおして小さからぬ影響力を持ってくる。親自身も子育ての過程の中で成長し変化していくことを考え合わせると、子どもの個性と親の個性が出会い、それぞれが織り込まれ合って互いに育っていくという醸造作業が、初対面の瞬間から始まっているといえそうである。

〈5〉初期の個性は人の将来を予測するか？

◎発達初期の行動特徴――「気質」として

さて、これまで見てきたような生後まもなくから観察できる子どもの行動上の個人差について、発達心理学では「気質《テンペラメント》」(temperament) という概念でとらえようとしてきている（表6）。成人を対象とするパーソナリティ研究では、気質という概念はとても長い歴史を持っており、人間の行動にみられる個人差を、身体というハードウェアの個人差として説明しようとする構想は実にギリシャ時代のガレノスにまで溯る（詫摩、一九八一）。ガレノスは、四種類の体液（血・胆汁・黒胆汁・粘液）の保有量の多少が行動上の個人差を生み出すとして四つの性格類型を考案し、例えば多血質（「血の多い人たち」）を快活で気が変わりやすい、などと特徴づけた。

ガレノスの説は今から見れば科学的根拠はほとんどないものの、多様な個性を類型化しようとする発想や、その根拠を何らかの身体的な要因に求めようとする構想そのものは、現代の心理学にしっかりと引き継がれている。第II部で見るように、分子生物学の発展によって遺伝子配列の個人差（遺伝子多型）を測定できるようになり、ここで観測される個人差と行動タイプとの

表6 気質（temperament）の発達心理学的定義

・発達初期より出現する行動上の個人差 ・ある程度の期間持続し、その期間内では類似した状況で一貫する傾向を持つ ・胎内や外界の様々な環境要因との相互作用によって変化したり安定化する ・個人のパーソナリティの最初期でのプロフィールを形成するもの＝「行動上の個性の初期値」

間におぼろげながらも関連性があることが明らかになってきたことを考えると、ガレノスの構想は相当に先見の明があったものと言えるのではないだろうか。本当の意味での「個性」という言葉は「ひとりひとりの違い」であり、基本的にはひとりずつ異なるものである。しかしこの千差万別の個性を科学として理解し研究していくにあたっては、例えば攻撃性とか依存性などといった多くの人々が共有する特性次元を抽出することが必要となる。こうした特性次元をベースとした個性のプロフィールはすでに新生児期から描けることを前章までで見てきた。以下では「個性の初期値」と、それが子どもの発達につれてどのように変わっていくか、あるいは変わらないかについて、これまでのところでの発達心理学の研究成果を見てみよう。

◎発達初期における気質特性

発達心理学における気質研究は日が浅く、現段階では統合的な理論がまだ完成されていないが、その研究の流れはおおまかに三つに整理できる。一つには、トーマスとチェスの乳幼児の行動に見られる現象的なアプローチであり、これは後述する実際の乳幼児期からの長期追跡研究から考案された気質理論である。もう一つの流れはバスとプロミンらの動物の個体差理論や双生児研究などの行動遺伝学的アプローチ、そして第三の流れとして、パブロフやアイゼンクらの大脳生理学的個人差理論の流れを汲むロスバートとデリベリの研究があげられる。詳細については菅原（一九九七）を参照していただきたい。

さて、発達初期の行動特徴はどんな構造を持つのか、言いかえれば気質には何種類の特性次元があるのかについてはまだ模索中であり、最終的な結論が得られているわけではない。今までのところで、ある程度実証的に確認されてきているいくつかの気質特性についてまとめてみた。

a）新奇なものに対する恐れ

「人見知り」に代表されるような見知らぬ他者への恐れや、初めて行く場所・見慣れない遊具などに対する恐れの表出には、経験的にも大きな個人差が観察される。例えば見知らぬ人に対する生後八か月児の反応にも、誰に対してもにこにこと愛想よく抱かれる赤ちゃんから、玄関で来客の声が聞こえただけでパニックになってしまうこわがりの赤ちゃんまで広い個人差が見られる。こうした新奇な人や物に対する恐れについて、気質研究者たちは様々に概念化し、研究を進めてきている。トーマスらは〈接近／回避〉(approach / withdrawal) という特性として、見知らぬ人・場所・食べ物などに対して積極的に接近するかどうかで恐れの程度を測定している。ロスバートも〈恐れやすさ〉(fear) として同様な内容の行動特徴をとりあげており、またケーガンら (Kagan, J. & Reznick, J. S. *et al.* 1987) も〈行動抑制性〉(behavioral inhibition) という類似概念を提唱している。

従来の研究では、人・物・場所が一括して対象とされてきたが、乳児期の気質尺度（四〜八か月用）の構造分析をおこなった研究 (Sanson, A. *et al.* 1987、菅原ほか 一九九〇など) から、対人的な恐れは独立の因子として抽出される可能性も示唆されてきている。また、性差が見られるという報告も多く、女児の方が男児よりも恐れ傾向が強いことが知られている。

b) フラストレーション耐性

やりたいことが禁止されたり、いやなことを我慢してやらなければならない場面などでの子どもの怒りや反抗の表出に関する個人差についても多くの研究がなされている。ロスバートの研究では、〈制限へのいらだちやすさ〉

(distress to limitation)、バスは〈いらだちやすさ〉(distress)や〈怒りっぽさ〉(anger)を気質次元に含めている。また、トーマスらの気質概念を質問紙版にした尺度を実証的に検討した研究(Sanson, A. & Prior, E. *et al.* 1987、菅原ほか 一九九〇)でもフラストレーション耐性に関する因子が見出されている。

c) 注意の集中性

もう一つ、現段階までの発達初期の気質に関する諸研究で一致した気質特性次元としてあげられるものは、「注意の集中性」に関する特性次元である。一つの活動や玩具などに対する〈集中性〉(裏返せば、〈飽きっぽさ〉)に相当な個人差があることは日常的にもよく経験するところであるが、生後まもない赤ちゃんにもやはりこうした傾向を見出すことができる。新生児期のブラゼルトン検査についての諸研究でも、提示された刺激に対する注意の集中性に関する特性次元が抽出されることは 第2章で見たとおりである。乳幼児期においても、トーマスらが〈注意の持続と固執性〉(attention span and persistence)、ロスバートらが〈興味の持続性〉(undisturbed persistence)などと、同様な現象を取り上げて概念化してきている。

そのほかにも、〈感覚的敏感さ〉（視聴覚・味覚・触覚）に関するものや、睡眠や排泄、食欲などの〈体内リズムの規則正しさ〉に関するもの、〈喜怒哀楽の激しさ〉、〈泣き方やなだまり方〉（興奮性と鎮静性）など多くの特性次元がリストアップされて検討されてきている。研究間での類似した概念の整理や、測定尺度の統合化・洗練化を進めて、発達のそれぞれの時期における気質特性のミニマム・セットとは何かを明らかにしていくことが引き続き課題であろう。

◎個性の発達に関する縦断研究

さて、こうした発達初期に見られる行動特徴はその後どのような変容を遂げるのだろうか。またそれは、子どものそれぞれの成長段階での性格や社会的適応と関連を持つのだろうか。こうした問いに答えていくには、子どもの発達の時間軸に沿った追跡研究が必要になってくる。ある一時点で様々な年齢段階の子どものデータを収集し、発達の様相の断面図を見る横断的研究（cross-sectional study）に対して、こうした同一サンプルを追跡する手法を用いた研究を縦断研究（longitudinal study）と呼ぶ。我が子の成長記録のようなある特定の個人の成育歴についての個性記述的なケース研究ではなく、各発達段階での人間の行動特徴全体の構造を切り出して、そこに見られる発達プロセスを実証的にパターン化していこうとする場合には、ある程度大きなサンプル数（対象者の人数）を確保することが求められる。大量サンプルを長期にわたって追跡していくことはお金も人手もかかってしまい、容易ではない。結果が得られるまでに何年もの調査が必要だし、研究者としても相当ながまん強さを要求される。それでも、子どもの行動特徴の変化・安定化やそれに及ぼす影響要因との因果関係（causality）の同定はこうした追跡研究でしか得られない情報である。子どもの個性の発達に関心のある研究者たちの中には、これまでに乳児期から成人期に達するまでの長期にわたる縦断研究を実施しているグループがいくつかある。彼らの気の長い仕事の一端をここで紹介してみよう。

代表的な縦断研究では、最も古いものが児童精神科医であるトマスとチェスのニューヨーク縦断研究であり、早くも一九五〇年代後半に始まっている。彼らは当時、第1章で見たような環境決定論が全盛だったアメリカの実証的人間研究の中で、子どもに発現する情緒障害は親の要因だけで説明することはできないこと、子どもの側の個性も小さいうちから考慮する必要があることを先駆的に指摘した。以降、大小様々なサンプルによる研究が実施されてきているが、ここでは乳児期から開始された代表的な縦断研究について少し見ていこう。

トマスとチェスのニューヨーク縦断研究

トマスとチェスによるニューヨーク縦断研究（Thomas & Chess 1986）は、発達初期の行動特徴についての研究の草分け的存在であり、早くも一九五六年にアメリカのニューヨーク市を舞台に研究が開始された。乳児の日常場面での行動スタイルについて、親を対象とした面接の結果から、九つの気質特性（活動水準、周期の規則性、順応性、接近・回避、刺激に対する閾値、反応強度、気分の質、気の散りやすさ、注意の範囲と持続とそれら九特性の組み合わせから導出された三つの気質タイプ（easy：扱いやすい子どもたち、difficult：扱いにくい子どもたち、slow-to-warm-up：エンジンのかかりにくい子どもたち）を設定し、これらが年齢が上がっても連続性を見せるかどうかを縦断的に測定している。特性次元の再現性や年齢妥当性などの測定尺

表7　行動特徴の経年変化（1）：ニューヨーク縦断研究から（親面接の行動評定）

（Thomas & Chess 1986より作成、数字は相関係数、N＝131）

年齢間隔	1—2歳	2—3歳	3—4歳	4—5歳	1—5歳	1歳—成人期（18〜24歳）
〈行動特性次元〉						
活動水準	.30*	.38*	.33*	.37*	.18*	.06
周期の規則性	.41*	.38*	.18	.35*	.22*	-.10
順応性	.33*	.41*	.45*	.52*	.14	.14
接近・回避	.09	.02	.20*	.40*	-.03	-.02
刺激に対する閾値	.43*	.22*	.30*	.28*	.22*	.15
反応強度	.45*	.39*	.33*	.33*	.02	.20*
気分の質	.52*	.19*	.28*	.29*	.08	-.07
気の散りやすさ	-.07	.17	.19*	.11	.08	.03
注意の範囲と持続	.09	.35*	.22*	.14	.02	-.13

*：$p<.05$

度の問題もあって確かな結論と見なすことはできないが、特性によって連続性の程度が異なることや、年齢間隔が大きくなるほど変化率が大きくなっていく傾向が確認されている（表7）。

また、トマスらは、対象児の問題行動や精神疾患といった後の不適応の発現と気質的特徴との関連を詳細にケース検討し、子どもが発達初期から示す気質的特徴とその子どもが置かれた環境との「相性」の良し悪しによって環境に適応的な発達と不適応的な発達が具現化していく、とする環境適合理論（Goodness of Fit Model）を提唱した。長期にわたる労作から導出されたトマスとチェスのこの理論は、環境決定論が強かった一九五〇〜六〇年代の発達心理学に大きな影響を与え、ここから性格発達に関する実証研究の歴史が始まったといえよう。現在でもトマスとチェスの流れを汲んだ発達研究は広く世界中でおこなわれており、日本においても、佐藤ら（佐藤ほか 一九八三、一九九四）や菅原ら（一九九五、一九九九）の長期縦断研究が一九八〇年代に開始された。

ケーガンらの「行動抑制性」に関する縦断研究

J・ケーガンは、H・モスらによって一九三〇年代初頭から開始されたフェルス縦断プロジェクト（Fels Institute's longitudinal project, Kagan & Moss 1962）に参加し、誕生から成人期に至るまでの長期にわたる発達研究を経験した。彼は、このプロジェクトで設定された行動特性の中で乳児期から成人期まで連続性が見られた唯一の特性が「見知らぬ人や状況に対する慎重さ（行動抑制性：behavioral inhibition、フェルス・プロジェクト当時は消極性と呼ばれていた）」であったことに強く印象付けられたという。しかし、環境決定論が全盛期にあり生得的な個人差を認めない時代精神の中にあって、ケーガンもモスも当時はこのことを強調しなかった。しかしその後、一九七〇年代に入って実施されたR・ケアスリーやP・ゼラゾとの乳児期に限定した縦断研究（Kagan *et al.* 1978）の中で行動抑制性が個人の生理学的な特徴と関連する事実を見出すに至り、行動抑制性に関する行動観察と生理学的指標を併用したあらたな縦断的研究を精力的に展開してきている。

ケーガンら（一九八八）の最も重要な研究は、四〇〇名以上の乳児集団の中から、いつも恥ずかしがりやで見知らぬ人や状況に対する恐れの強い子どもたち（抑制的な子ども）五四名と、反対に常に社交的で恐れ知らずの子どもたち（非抑制的な子ども）五三名を選び、幼児期前半（生後二一か月または三一か月）・幼児期後半（五歳半）・児童期（七歳半）の三回にわたって縦断的に測定を実施した研究である。毎回、実験室で見知らぬ子どもたちや大人と遊ぶ対象児の行動観察を実施し行動抑制性の程度を評定した。生後二一か月時と七歳半時での行動抑制性との関係をみると、両者は比較的強い相関関係にあることがわかった（r ＝.67, p ＜.01）。また、ある子どもたちは五歳半の時に心拍数やコーチゾル・レベルなどの交感神経系の活動に関連する様々な生理学的指標についても測定され、行動抑制性の強い子どもたちは、見知らぬ人や状況といった恐れや不安を喚起する刺激に対する反応閾値が低く（敏感に反応する）、交感神経系の活動がより活性化しやすいという大脳生理学的な特徴を持っているのではないかと仮定された。また、生後二一か月時に行動抑制性が強かった子ども（二一名）と非抑制的だった子ども（一七名）の五歳半時の生理学的指標値と七歳半時の行動抑制性得点との関連を検討したところ、両者には関連が見られ、（生後二一か月時とは$r = .70$、七歳半時とは$r = .64$、ともに$p < .01$）、これら一連の縦断的研究の結果はケーガンらの仮説を支持するものであった。

　見知らぬ他者や状況に対してどのように振る舞うか、という子どもの社会的行動の個人差には子ども時代を通じてある程度の一貫性が見られ、その背景には大脳生理学的な特徴が関与していると見ることができることをケーガンらの一連の研究は示している。前述のように、大脳神経系システムを含む人間のハードウェア上の個人差が性格に関係しているかもしれない、という構想は遠くギリシャ時代のガレノスの体液説に始まるが、ケーガンらの研究はその一端を実証したものといえよう。第II部で見るように、最近ではさらに直接的に神経伝達物質や遺伝子情報との関連を探る研究も始まり（Cloninger 1996, Ebstein *et al.* 1997）、「脳の世紀」といわれる二一世紀にはこうした性格発達に関わる大脳生理学的な研究が一段と進展することが予想される。

◎健康と発達に関するダニーディン学際研究

シルヴァら（Silva 1990）によって、ニュージーランドのダニーディン市で展開されているこの研究プロジェクト（「子どもの発達と健康プロジェクト」）は、現存する子どものパーソナリティの発達に関する縦断研究の中では最大規模のものである。オタゴ大学医学部の小児医学・心理学・発達学セクションが中心となり、子どもの心身の発達に関連する医学・心理学の四四名の研究者たちによる学際的な共同研究が一九七二年にスタートした。人口約一一万人の学園都市ダニーディンのクィーンメリー病院で二年間に誕生した一六六一名の新生児すべてが研究対象として登録された。このうちの一〇三七名について三歳時の調査が実施され、以降二年ごとに全サンプルを対象とした行動観察や面接を含む追跡研究が継続し、現在二一歳時点までの研究結果が公表されている。縦断研究の大きな難点の一つとして年を重ねるごとに対象者数が減少していくことがあげられるが、ダニーディン学際研究では奇跡的といってよいほどサンプルの消耗率が低い。三歳当時の一〇三七名のサンプル集団は一八年後の二一歳時の追跡調査でも一〇一一名が保持されており、そのサンプル消耗率はわずか3%にも満たない。また、各調査時で対象者全員の行動観察や面接を実施しており、人的・財政的な研究コストは膨大なものであることがうかがえる。研究を主催しているシルヴァの分析によれば、人口流出の少ない地の利に加えて、研究母体や行政を含めた研究助成システムが安定していたこと、共同研究者間や対象者との関係が良好であったことなどがプロジェクトの成功としてあげられている。

「ダニーディン」学際研究に先立つ新生時期から五歳までの縦断研究の中で、シルヴァは、少なからぬ子どもたちに出現してくる様々な発達上の問題（行動や情緒の問題、言葉や運動の遅れ、視聴覚的な問題など）に強い関心を持つようになった。彼は、こうした問題の出現率を特定し、その長期的な影響や発生メカニズムを解明することを目的として、このような大規模な縦断研究をスタートさせたのである。このプロジェクトの中で、発達初期からの子どもの行動特徴は、様々な発達障害や行動・情緒上の問題行動の発生関連要因の一つとして、またある時期に出現した問題の影響を受けて行動特徴そのものがどう変化していくかという結果要因としても、重視されている。

カスピら（Caspi *et al.* 1995）によれば、三歳・五歳・七歳・九歳の各時点で実施された行動観察の結果から抽出された三つの行動特性――「衝動的行

表８　行動特徴の経年変化（２）：ダニーディン学際研究から（観察場面での行動評定）

（Caspi *et al.* 1995 より作成、数字は相関係数）

年齢間隔	3—5歳	5—7歳	7—9歳	3—7歳	3—9歳
（男児：n＝503）					
衝動的行動の非制御性	.25**	—	—	—	—
いらだちやすさ	—	.35**[a]	.38**	.25**[a]	.24**[a]
気の散りやすさ	—	.24**[b]	.27**	.20**[b]	.23**[b]
新奇刺激への接近性	.10	.14**	.19**	.05	.09
順応の鈍さ	.14**	.33**	.42**	.12**	.03
（女児：n＝472）					
衝動的行動の非制御性	.22**	—	—	—	—
いらだちやすさ	—	.30**[a]	.23**	.14**[a]	.14**[a]
気の散りやすさ	—	.27**[b]	.30**	.22**[b]	.31**[b]
新奇刺激への接近性	.15**	.16**	.30**	.15**	.11
順応の鈍さ	.30**	.33**	.35**	.17**	.04

注）「衝動的行動の非制御性」は、７歳以降「いらだちやすさ」と「気の散りやすさ」の２つの因子に分かれたので、表中の[a]は「衝動的行動の非制御性」と「いらだちやすさ」との相関、また[b]は「衝動的行動の非制御性」と「気の散りやすさ」との相関を表している。**：$p<.01$

動の非制御性」（この特性は、七歳以降、「いらだちやすさ」と「気の散りやすさ」の二つの因子に分かれている）、「新奇刺激への接近性」、「順応の鈍さ」——は、全体としては隣接する測定年齢間では弱めの相関が見られるが、長期的な連続性は特性次元によって異なること（表8）、また三歳時に測定された「衝動的行動の抑制性」は一五歳時点での攻撃的・反社会的問題行動傾向（externalizing problems）の予測因子の一つとなることが明らかにされている。また、成人期（二一歳時点）での問題行動（アルコール依存、暴力的犯罪など）との関連では、三歳時の行動特徴に起源を持つ一八歳時の性格傾向が予測因子となること（Caspi & Silva 1995, Caspi *et al.* 1997）や、三歳時に示された行動特徴が成人期の対人的適応の様相とも関連すること（Newman *et al.* 1997）が報告されてきており、発達初期での行動特徴の長期的影響に関する議論が活発になってきている。しかし、こうした幼少時の行動特徴の長期的な影響力はいずれも絶対値的には小さく、生育歴中の様々な環境要因の影響力の方が相対的に大きなものであると予想される。ダニーディン学際研究では、親の養育行動を含めた多様な環境変数が測定されてきている。今後、どのような環境要因が行動特徴の変化をもたらしたり、発達上の問題の出現に関わってくるのか詳しく分析されていく必要があろう。人間のパーソナリティが、その人が置かれた環境とその時々の行動特徴との相互作用の中で発達していくことは概念的にはすでに定着しているが、では、個々の特性がいつ・どのような要因とどのような相互作用によって発達していくのか、具体的な検討はまだ始まったばかりである。今後、さらに洗練された尺度や研究デザインを用いた中・長期的縦断研究が多く実施されることが望まれる。

II

個性はどのように発達していくのか

〈6〉個性形成の立て役者たち
――遺伝子、養育環境、そして自己形成

遺伝と環境

第Ⅰ部では、私たちの行動に見られる個性の起源は予想以上に早期にあり、誕生まもない頃にまで遡ることを見てきた。では、いったい、どのような要因がその後の個性の発現や発達に影響するのだろうか。

これまでの心理学では、個性を形成する要因として遺伝子に組み込まれた情報と子どもが育つ環境的要因の二つを想定し、そのどちらがより影響力があるかについて長い間論争を続けてきた。おおまかに分けると、ドイツやフランスなどの大陸ヨーロッパでの発達観は遺伝決定論の色彩が濃い。子どもの発達に関しても、あらかじめセットされた順序で自動的に展開するものとする成熟優位説が提唱され、幼少期の経験を軽視する考え方が広く浸透していた。これに対し経験論の伝統を持つイギリスやアメリカでは、第1章で見たように乳児の心はタブラ・ラサ（白紙）のようなもので生後の経験がすべてを決めるとする環境決定説が支持されていた。そこでは子どもの個性を決めるのはもっぱら親の養育態度や家族関係を中心とする社会・文化的要因であるとして、これらに関する研究が盛んにおこなわれてきたのである。こう

した二つの立場の論争を「遺伝か環境か（nature or nurture）」問題と呼んでいるが（藤永 一九八二）、時計の振り子が右から左へ大きく振れるように、時代や立場によって両者のどちらかに偏った議論がなされてきた。今でも暗黙のうちにそのどちらかを踏襲した考え方は、一般の人々だけでなく専門家の間でも随所に見られる。子どもに何か問題が起こったときに評論家たちが「それは母親の育て方が原因だ」とするのは典型的な環境決定論であろう。「氏より育ち」「蛙の子は蛙」「瓜のつるになすびはならない」「鳶が鷹を産む」……日本のことわざにもこの問題に関するものはたくさんある。

しかし、これまでに見てきたように外界での経験がほとんどない生後数日目の新生児の行動にもそれなりの個人差は存在する。これをどのように考えたらよいのだろうか。そこにはおそらく遺伝子上の個人差情報も関わっているだろうし、母親の胎内での環境要因も影響しているのではないか、と両者の関与を想定する相互影響説に現在は落着している。「遺伝も環境も」（nature and nurture）というところだが、問題は、では、ある行動特徴の形成に「どの遺伝情報と・どんな環境要因とが・どのように関わっているのか」を具体的に知ることにある。また両者の関わりが子どものどの発達段階でおこなわれるのか、といった時期についての検討も必要だ。経験の効果の大きい「敏感期」や、ある時期以降の経験はもはや効果を及ぼすことができないという「臨界期」があるかもしれない。また、遺伝子側にもある年齢に至って初めて情報発現するものもあるだろうし、反対に効力を失っていくものもあるだろう。二一世紀に入って遺伝子を中心としたDNAについての分子生物学的研究は猛烈な加速度で展開してきており、少しずつではあるが、遺伝情報と私たちの複雑な行動や意識とのつながりに関する科学的検討が始まってきている。これまでにわかってきていることを簡単に整理してみよう。

●個性の発達を規定する要因

ヘッブ（一九七五）によれば、人間の発達を規定する要因は以下の六つにまとめることができるという。

① 遺伝要因（受精卵の生理学的特徴、主として遺伝子）
② 出生前の生化学的要因（子宮内の栄養条件や毒物・薬物など）

③ 出生後の生化学的要因（酸素不足や生後の栄養条件、毒物・薬物など）

④ 定常の感覚的刺激条件（ある種のメンバー全員にとって自然環境下で必然的に与えられる刺激条件）

⑤ 個別の感覚的刺激条件（メンバーごとに変化する刺激条件）

⑥ 心理・生理的外傷条件（発達を大きく損なう怪我や病気、虐待などの心身に与えられる大きなダメージ）

これらの六要因のうち、④を除く五つの要因はいずれも個人によって異なることが予想される。同一遺伝子を持つのは一卵性のふたご間だけであり、それ以外の人々の遺伝子は古今東西、一つとして同じ構成のものはないという。指紋と同じで、遺伝子を分析することによって個人の識別が可能なのだ。出生前の環境にしても、母親が妊娠中も飲酒し続けたり麻薬を吸引していればその胎児は深刻な発達への影響を受けることになるだろうし、出生後の環境条件がひとりひとりバラエティに富んでいることはいうまでもない。したがって、実際の私たちの心身の個人的特徴は、胎生期であってもすでに個別の遺伝子情報と環境要因との両者の関与によって形成されている、と考えることができる。出生間もない新生児の行動に個人差が見られるからといって、それを遺伝子だけの純粋な発現と見ることも、胎内環境や出生時の条件のみに帰することもどちらも正しくない。新生児行動についての個人差研究の創始者であるブラゼルトン博士も「新生児の行動（の起源）が、純粋に遺伝的起源にあるとみなすことはできない。子宮内の影響は強く、栄養や感染、ホルモン、薬物などは九か月間にわたって胎児に影響している。新生児の行動は、出生時にすでに表現型であり遺伝子型ではない」と述べている。

ブラゼルトン博士がここで使っている「表現型（フェノタイプ）」と「遺伝子型（ジェノタイプ）」という遺伝学的用語は、個性をめぐる遺伝と環境の関係を理解するうえで重要な概念である。個性の次元に引き寄せてみると、ジェノタイプは「遺伝子に組み込まれた個人差情報」であり、フェノタイプは「ジェノタイプが環境の影響を受けて発現し、形成された心身の特徴」ということになろう。現実に私たちが目にし、感じることのできる肉体や精神はすべてフェノタイプであるといえる。たとえ時代が進んですべてのDNA情報が読み解かれたとしても、その個人が置かれた環境要因の影響を

行動レベル

行動スタイル（フェノタイプ）	× 体験・認知・学習の対象としての環境（マクロな自然、物理的、対人的環境）

↓↑

脳レベル

脳神経システム（フェノタイプ）	× 脳内の生化学的環境（メゾな体内環境：マクロな環境の影響を受ける）

↓↑

細胞レベル

遺伝子（ジェノタイプ）	× 情報発現に関わる分子生物学的・生化学的環境（ミクロな染色体内および細胞内環境：マクロ／メゾな環境の影響を受ける）

図12　行動上の個人差を生み出す「遺伝子・脳・行動」と環境との関連
（ミクロ：微視的レベル、メゾ：ミクロとマクロの中間的レベル、マクロ：巨視的レベル）

考慮することなしに、その人の個性あふれる行動も意識も語ることはできないのである。したがって、遺伝と環境の両者を、何とか関連付けて人間を理解しようともがいている私たち心理学者が失業する日は来ないはずだ。そう勝手に自負しているが、果たしていかがであろうか。

●遺伝子―脳―行動

私たちの行動上の個人差を生み出すメカニズムを仮説的に考えてみた（図12）。

行動に見られる個人差を直接的に生み出しているのは、いうまでもなく脳神経システムである。かつては、心はハート型の心臓にあると信じられたこともあったし、魂というかたちのない存在であると信じられたこともある。今でも心身二元論を唱える人もいるだろう。しかし現代科学の範疇では、人間の行動や感情、記憶といった意識をコントロールしているのは脳神経システムであり、ここに個性を生み出す本体があると考えるのが最も妥当な考え方である。そうだとすると、遺伝子に組み込まれた個人差情報はRNA（リボ核酸）を通してタンパク質となり、この時に神経細胞や神経伝達物質など脳神経システムを構成するハードウェア的な部分や高次神経回路の作用の仕方などのソフトウェア的な部分に関する何らかの個人的特徴としてかたちを成すことになろう。ここで形成された脳神経システムの個人差が私たちの行動に見られる個性の源となる。「遺伝子―脳神経システム―行動」のラインに具体的にどのような関連性があるのか、その検討は始まったばかりであり、わかっていることはまだ少ない。これに関しては第7章で少し見ていきたいが、ここで再び強調したいのは、遺伝子・脳・行動のそれぞれのレベルすべてに環境要因が関わっていること、それに加えて、例えば薬物や環境汚染物質などが体内に取り込まれて脳内環境や細胞内環境に影響するといったような環境要因間の複雑な関連性も想定しなければならない。環境要因の影響を解明することなしに遺伝子だけを分析しても、やっぱりその人の個

図13 クローン羊のドリー誕生（1997年2月）を報じたドイツの週刊誌「シュピーゲル」誌3月号の表紙

性を予測することはできない、ということを納得していただけただろうか。そして、このことは等しく環境要因側についてもいえる。第I部で強調したように、「チャイルド・イフェクツ・オン・アダルト」（子どもは大人に影響を与える）であり、子どもの個性によって周囲の大人の働きかけや応答のしかたが異なってくる。また物理的な環境要因の影響も、個体側の耐性レベルや特異反応性などの特徴によってその影響の出方は違うものになってくる。遺伝子を含めた個体側の要因を抜きにして環境の効果を語ることにもまた限界があるのだ。

ついに人類もクローン人間の誕生を迎えるかもしれない時期に来ている。生物が長い時間をかけて男と女を分化させ、進化させてきた有性生殖を踏み越えた生殖形態であり、複製された人間の発生や出生後の健康に心配があるし、生まれた子どもの人権にも大きな問題を孕んでいて、倫理的にはとうてい受け入れ難い事象である。しかし、もしその時に至ったとしても、これまで見てきていただいたことから、クローン親子はやはり別々の個性を持った人間として成長するに違いない、とご理解いただけるだろう。共有しているのはジェノタイプとしての遺伝子だけであり、発生の最初の段階から親子はまったく別の環境に置かれているからである。時代が違う。出会う人も異なる。何より、クローン人間の話題でどもたちには生物学的親は一人しか存在しない。よくクローン人間の話題でマスメディアに登場する、有名人が同じ格好で何人も並んでいる光景は現実には百パーセント起こり得ないことである。親と同じ年齢に達するまでの長い年月が、子どもの姿かたちも心理学的特徴も親とは異なるものにするはずである。こうした境遇の相違が、同一の、あるいは類似した遺伝子型を持つ人間たちのどのような個性の違いとなって具体的に表現されるのか、今はまだ予測できる部分は少ない。環境要因の影響性を遺伝要因との絡みを考慮した上で明らかにしていく作業は、こうした時代の趨勢からいってもあまりのんびりとはしていられないように思う。

●自己形成——人間の個性は「作られる」だけのものか

さて、個性形成の立役者は遺伝子と環境要因だけで終わらない。遺伝子は両親の配偶子として半分ずつ与えられる先祖伝来のものであるし、環境要因にしても幼少期はとくに、自らの意志で選ぶことはできない部分が大きい。親譲りの遺伝子と与えられた環境だけが人間の個性を形成するのだとしたら、主体としての役割はどこにもないことになってしまう。本当に人間の個性はこうした「作られる」だけのものなのだろうか。

本書の最初で見たように、人間は誕生まもなくからとても優れた認知・学習能力を発揮してこの世界との関わりを開始している。生まれたその日から、自ら外界に働きかけてその体験の結果を学び、自分の発達に必要な知識やスキルを構成していく積極的な主体（active agent）である。そして、生後の体験をとおして獲得した知識や学習プロセスそのものが脳神経システムを複雑に発達させていく。この体験やそこで起こる学習こそ個人の意志や意欲が関与し、自らの個性形成に一役買うことになるのである。

人間ほど「自分」にこだわる動物はない。誰もが程度の差こそあれ、自分を愛し、自分の個性を知りたいと強く欲する。この「自分」に対する執着が個性に対する自己形成の基盤になる。さらに、私たちは時に「自分の個性や性格を変えたい」と思うこともある。「この頃太り気味だから、ダイエットしなければ」といった容姿に対する自己評価と同じに、普段の自分の言動についてもかなり厳しくチェックしている。例えば、ちょっとしたことですぐに腹を立てやすくて人とのトラブルが多いと、何かと不利なことも多くなる。大事な会議で上司に反抗して失敗してしまったり、夫婦ゲンカが絶えなくていつも離婚の危機に脅かされていたりすると、何とかしてこの短気な性格を直したいと願うかもしれない。難しいことではあるが、「ここで殴ってはいけない！」といったんは怒ってあげた手を強い自己制御力でおろして大過なく事態を収められたとしたら、その時の成功体験はその個人に大きな意味を持って学習されることになる。殴ってしまった時の後悔や相手からの侮蔑よりも、我慢できた時の安堵感や相手からの望ましい反応の方が、個人にとってずっと大きい報酬となるのだ。行動変容はそんなに簡単なことではないけれど、個人が自分の個性を的確に認識し、具体的に行動を自己制御することによって、変化させていくことは十分可能だといえる。こうした自己制御の問題については、第10章で見ていこう。

本章では、個性を形成するものとして遺伝的要因・環境要因・そして自己形成の三つの要因があり得ることを見てきた。続く第7章と第8章では、もうしばらく遺伝的要因の問題について考えてみよう。

〈7〉遺伝子はどこまで行動上の個性を語るか

◎行動特徴の発現と遺伝情報との関連

これまでに私たちの行動の個人差を生み出す重要な要因の一つとして、遺伝子型（ジェノタイプ）の話をしてきた。遺伝子型が具体的にはどのように行動特徴の発現に関わってくるのかを考えていくためには、遺伝子そのものについての基礎知識がどうしても必要になる。少し前までの心理学の教科書には、脳や遺伝子のことについては「現段階ではよくわからないブラック・ボックス」として扱うことがほとんどだった。しかし、大脳神経系の研究と同様、遺伝子関連の研究は分子生物学を中心として加速度的なスピードで発展してきている。二〇〇五年までにヒトの遺伝情報をすべて解析するという国際ヒトゲノム計画も二〇〇三年度中に繰り上げて完了する勢いで進んでいるという。私たち心理学者にとっては、人間の行動と遺伝的要因との関連を扱うと、つい最近まで世界中に蔓延していた有形無形の優生思想（米本ほか、二〇〇〇）につながってしまうのではないか、という恐怖感が強い。今でも、科学的に明らかになってきた遺伝子やＤＮＡの天文学的な複雑さを理由に、「複雑すぎて心理学との関連を問うことはできないであろう」と、再びブラック・ボックスに戻したいのが多くの研究者の本音である。しかし人間の個性の発達を知るためには、優生思想の復活という恐怖感を現実のものとはしない決意を固く持ちながらも、高い敷居をまたいでゲノムと直面する必要があるのではないか、と感じている。

前置きが長くなってしまったが、しばらく必要な基礎知識について見ていこう。急に「理系的」的な話になって恐縮だが、お赦しいただきたい。人間行動遺伝学の先鋭であるプロミンが指摘しているとおり（一九九四）、遺伝子やDNAのことをある程度知っておかないと、誰もが陥りがちな「大きな誤解」を払拭できないからである。遺伝子に行動に関する情報が直接書き込まれているという思い込みや、「攻撃性の遺伝子」「幸福感の遺伝子」などとあたかも人間の行動特徴を決めてしまう単独の遺伝子が存在するかのような飛躍した考えは、今現在でもメディアや巷の会話にあふれている。事実はそんなに単純ではなく、もっとずっと神秘的で奥が深い。

◎遺伝子とは

遺伝子の本体は細胞核の中にある二重らせん構造を持つDNA（デオキシ

リボ核酸）であり、二本の鎖はアデニン、グアニン、シトシン、チミン（A・G・C・T）という四種類の塩基配列が対になって暗号のように並んでいる。次頁の図14のように、対は常にアデニンはチミンと、シトシンはグアニンと組むことになっている（AT対とCG対）。人間の場合、この塩基対の数は一セット三〇億であり、この全部をゲノムという。国際ヒトゲノム解析計画とは、なんと三〇億塩基対のすべての配列を解析してマップ化しよう、というものすごいプロジェクトなのである。この途方もない数の塩基対で構成されているゲノムが一つ一つの細胞の核の中にあり、そのゲノムは写真のような二三対の染色体上にきちんと収まっている（図15）。染色体には番号がついていて、二二番染色体までと性別を決めるX染色体とY染色体の二四種類があり、それぞれ対になっているので合計四六本となる。二三対目がXXなら女性、XYなら男性、ということになる。染色体はそれぞれソーセージのようにくびれを持っていて、短腕と長腕があり、これは遺伝子の場所をいう時に「第六染色体の長腕上にある〇〇遺伝子」などとアドレスとして使われる。この染色体は人間の何兆という細胞の核の中にあって、細胞分裂のたびに忠実にDNAをコピーして伝えていく（ただし、脳神経細胞は分

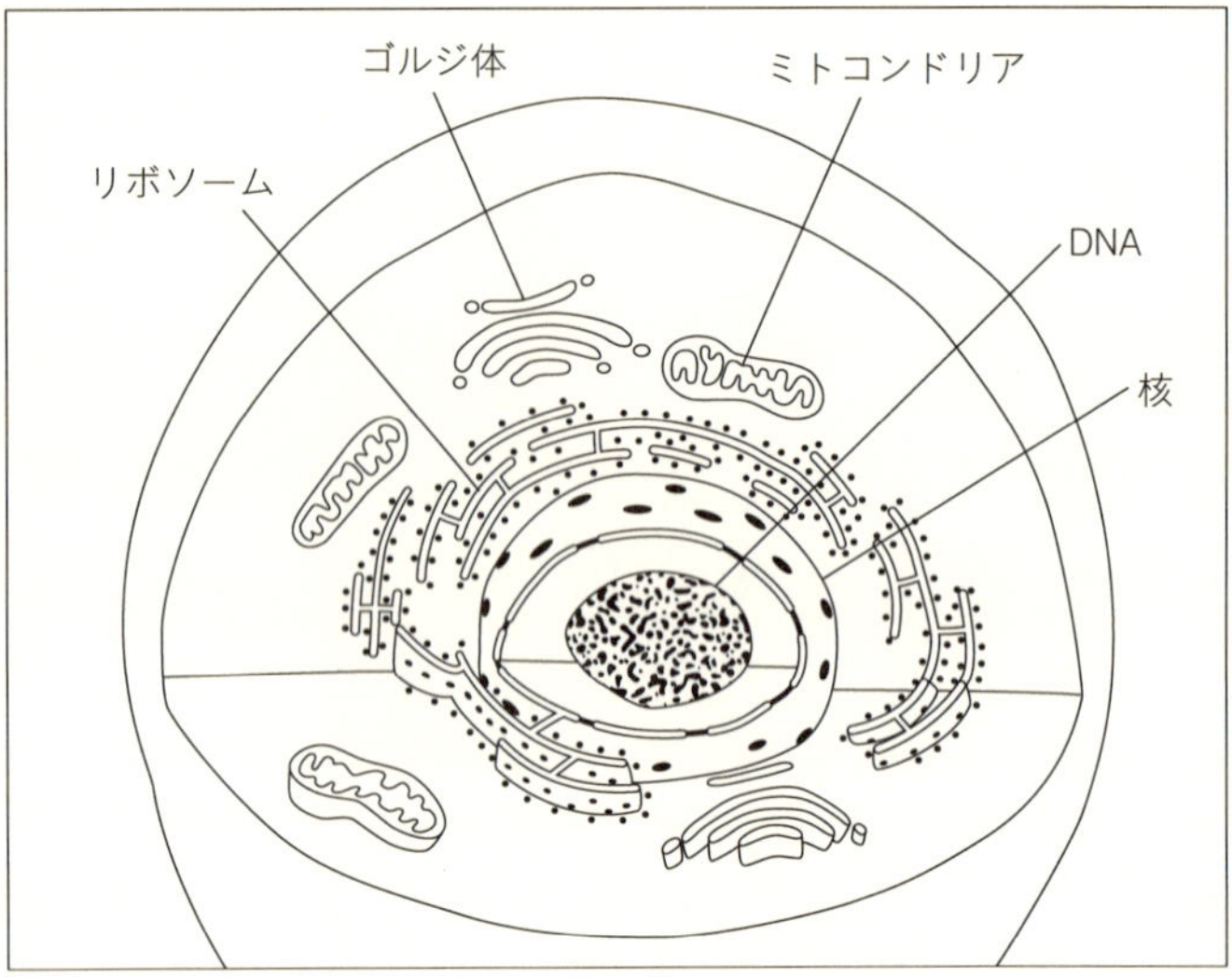

〈細胞〉

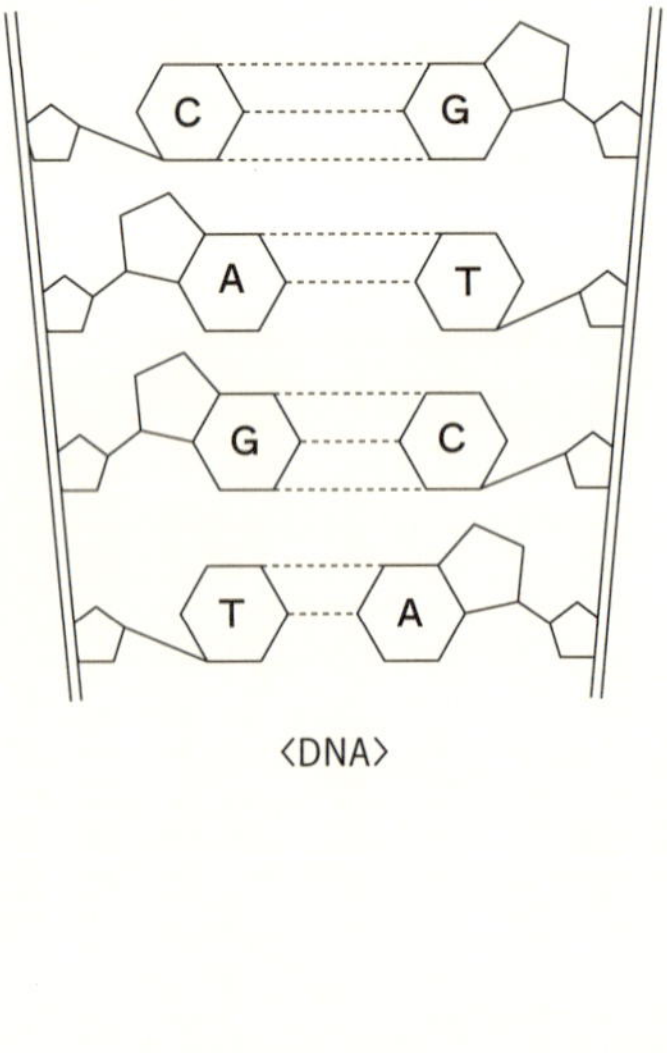

〈DNA〉

図 14　細胞図と DNA 模式図
(東京医科大学病院小児科遺伝研究グループ、ホームページより)

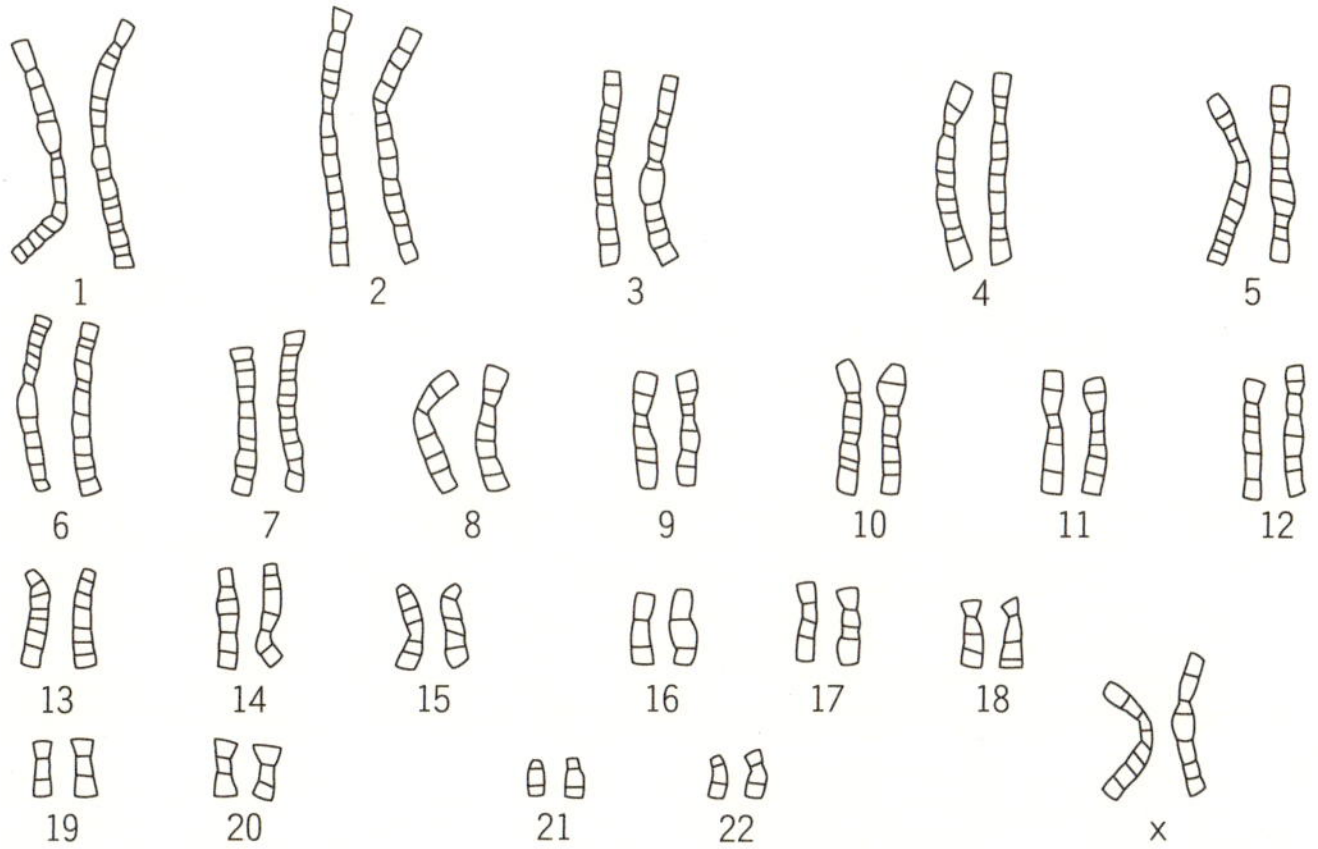

図 15　ヒト染色体図（女性の場合）

裂しない)。それでも一〇億回に一回程度は間違いが起こって、これを突然変異と呼んでいる。

生殖細胞では減数分裂が起こり、来るべき配偶者の染色体と連結するために染色体は片側二三本しか作られない。受精によって母親由来の二三本の染色体と父親由来のそれが対になり、二三対四六本の染色体となる。この両親由来の対になった染色体上に、これまた両親由来のそれぞれの遺伝子が並んでいることになる。これらを「対立遺伝子」(allele)と呼び、この対立遺伝子がある場所を「遺伝子座」(locus)という。ここで重要なのは、減数分裂の際に二重らせんの塩基対がそのまま忠実に二つに分かれるのではなく、一対のひもが二つにほどける時にところどころで組み換えが起こり、部分部分が入れ替わる現象が起こる。この組み換え現象は一回の減数分裂につき平均三〇回起こるという（安藤 二〇〇〇)。親の染色体はそのままの配列で子へと伝達されるのではなく、親とは若干異なる配列として継承されるのだ。個としての多様性を確保するための「仕掛け」だと見ることができよう。親子であってもその遺伝子配列は実はそれぞれ異なっているのである。

遺伝子とは、DNAの三〇億塩基対の配列の中でRNA(リボ核酸)によってタンパク質のアミノ酸配列に翻訳され得る部分のことを指している。人間の場合、DNAの全配列の5%程度がこうした遺伝子に相当するといわれており、残りの95%は直接的なタンパク質合成情報は持っていないことがわかっている。タンパク質合成情報を持つ5%のDNA部分を「遺伝子」、そのほか95%の広大な配列はジャンク(くず)DNAと呼ばれている。くず、とは失礼な命名だが、染色体の構造や機能をコントロールする役目を持った部分があることもわかってきているので、最終的に本当に何の意味も持たない配列部分も多くあるのかもしれないが、全体としては今はまだ「機能不明のDNA部分」というところであろう。細菌などのDNAにはこんな無駄な部分はほとんどなく、生物が高等になるほどこの「くず」部分が増えていくという。不思議な現象だ。きっとここにも人間という生物の不思議さの秘密がいっぱいつまっているに違いない。遺伝子部分については「情報を持つ」という意味でエクソン、情報を持たないジャンクDNA部分はイントロンともいう。このエクソンとイントロンは遺伝子自体の中にも存在していて、RNAからタンパク質合成の指令を出すメッセンジャーRNA（m‐RNA）が作られるときには、遺伝子の中の無意味なイントロン部分が切り出され、エクソン部分だけが連結してm‐RNAとなるのだそうだ。本当に凝った暗号体系である。

さて、ここまでのところで、DNA＝遺伝子ではなく、「遺伝子はDNA内のごく少数派」（中込 一九九六）であることを理解していただけだろうか。人間の遺伝子の総数は、推定値ではあるが、一ゲノムあたり約六万四、〇〇〇個程度であろうといわれてきている（同書）。遺伝子に関する生物研究でよく使われる線虫という全長一ミリ・細胞数わずか一一〇〇個の土中生物でも、その遺伝子は約一万五、〇〇〇個もあり、必ずしも高等生物だからといって桁はずれに遺伝子数が大きいわけではないらしい。植物のイネ（稲）には一二本の染色体に約五万もの遺伝子が乗っているし、線虫と同じく「モデル植物」として遺伝子解析が進んでいるシロイヌナズナだって約二万の遺伝子を持っている。六万四、〇〇〇程度といわれるヒトの遺伝子のうち、一九九九年にはすでに三万個以上の配列が解析されて遺伝子カタログに掲載されている（Doloukas, P. *et al.* 1998）。これらはアメリカ国立衛生研究所のインターネット上で公開されており、世界中の誰でも検索可能である（http://www.ncbi.nlm.nih.gov/genemap）。遺伝子の大きさはそれぞれ異なり、もっとも小さい遺伝子で三〇〇塩基対ほど、最大のドゥシェンヌ型筋ジストロフィー病の原因遺伝子では二〇〇万を超える塩基対から構成されている。ずいぶんばらつきが大きいが、平均的には一万塩基対ほどの長さで構成されているという。

ここで重要なのは、「遺伝子が解読される」ことの中身だろう。まず、遺伝子そのものをＤＮＡの広大な海の中から探し出すことが最初の一歩となる。様々な方法があり得るが、ボディ・マップ法では、脳・心臓・目・肝臓などの臓器から細胞を取り出し、そこで働いているＲＮＡを直接取り出す。各臓器固有の遺伝子を特定するためだ。体中の細胞は同じゲノムを持ってはいるが、実際に働いている（タンパク質合成に関わっている）遺伝子は臓器ごとに異なる。そうでなければ、心臓は心臓にならないし、心臓として機能しない。前述のとおり、ＲＮＡはそこで特定のタンパク質を合成するために必要な遺伝子部分をＤＮＡからコピーして作られるので、これを鋳型にしてＤＮＡを人工的に合成すればもとの遺伝子が得られることになる。ここで得られた合成ＤＮＡを組み替えＤＮＡ技術によって細菌などの実験生物に挿入し、そこでどんなタンパク質が作られるのか研究を深めていくことになる。特定された遺伝子の塩基配列構造と染色体上のアドレス（位置）、それにどのような機能を持つかの三点が明らかになった時に初めて、本当に「遺伝子が解読された」ということになるのである。人間の行動や意識を制御する大脳神経系で働く遺伝子についてもこうした解読をめざして研究が爆走中である、ということになろう。

以上のような基礎的事項のいくつかは、そういえば生物の時間のどこかで習った記憶がある、という方が多いに違いない。怪しい、という方やもう一度きっちり押さえたい方、あるいはほとんど知らなかったという方は、巻末の参考図書を参照いただけたらと思う。紙上では何となくわかったような気持ちになるが、しかし、これが実際にはどんなにミクロな世界のできごとなのか実感するのは難しい。人類遺伝学の権威・中込弥男教授の表現によると

（一九九六）、「（遺伝子の数を六万四、〇〇〇とすると）たとえば血液一ミリリットルあたりの白血球細胞は六〇〇万であり、この程度の血液から抽出したDNAの中にも七八〇〇億個の遺伝子が混在していることになる」。血の一滴に数千億個の遺伝子。生体のこんなミクロな世界をいったいどうやって実証研究に載せるのだろうか、と思ってしまうが、ノーベル賞級の理論的・技術的発展を重ねた結果、ついに各遺伝子のDNA配列の構造分析とその機能の同定が肉眼でも確認できるような方法を含めて可能になったのである。人間の「遺伝子」に対する知的探究には本当にすさまじい情熱を感じるばかりだ。

生命現象の謎の根幹にかかわる遺伝子解読作業は、生物学の領域に留まらず工学、医学、心理学、社会学、哲学、宗教学といったすべての学問領域、そして人類全体の生活や未来に計り知れない影響を与えるものである。その意味について、事態の急展開に追いついていくのは大変なことではあるが、それぞれの領域でじっくりと検討されなければならないだろう。心理学も例外ではない。

個人情報のありか

では、こうした遺伝子のどこに行動上の個人差に関連するような情報があるのだろうか。驚くことに、遺伝子そのものはほとんどの生物で共通しているという。ヒトに最も近いチンパンジーとは98％の遺伝子が同じなのだそうだ。さらに人類全体ではＤＮＡ三〇億塩基対の99・5％が共通で、残りの0・5％程度に相当する部分に個人差があるという。しかしこのたった0・5％の個人差が、ひとりひとりの容姿や様々な才能や性格の違いとして私たちの社会生活や人生にとっては大きな意味を持ってくる。個人差に関する心理学が担っている部分は、遺伝子の進化のごく薄いうわずみ層なのだといえるのではないだろうか。

さて、血液型や目の色を決める遺伝子のように、その配列に個人差があるものを「遺伝子多型」という。両親から一セットずつのゲノム（二三本の染色体）を継承するので、多型は各遺伝子について二種類のバリエーションを持てることになる。先ほども触れたが、これを対立遺伝子という。九番染色体の上にある血液型を決める遺伝子についていうと、母親からＡ型の遺伝子型、父親からＢ型の遺伝子型を受け取っていれば、その子どもの対立遺伝子はAとBで血液型はAB型になる。O型の遺伝子はA型の遺伝子と基本的に同じ配列なのに、血液型遺伝子を構成する一〇六二の塩基対のうちわずか一個が欠けている（グアニンの欠損）ことだけが異なるのだそうだ。こうした遺伝子多型が私たちの行動の個人差にも関わっていることは間違いない。

DNA上の個人差が全体の0・5％といっても、単純に塩基対の数で考えても一五〇万にものぼる。人間行動遺伝学者の安藤寿康教授の試算によれば（二〇〇〇）、仮に全体で五〇〇〇の遺伝子座（対立遺伝子が存在している場所）に多型があって、それらが一箇所二つの対立遺伝子A（例えば父親由来）とa（母親由来）の持つ遺伝子型を三種類（AA・Aa・aa）持っているとすると、五〇〇〇か所すべてで可能な組み合わせの数は三の五〇〇〇乗であり、二四桁にも及ぶ大きな数になるという。しかも実際には多くの遺伝子が三種類以上（血液型はこれに相当する：A、B、Oの三つ）の対立遺伝子を有しているので、ものすごい勢いでバリエーションの組み合わせ数は増加する。三種類の遺伝子座だったら一つの遺伝子で二七種類の遺伝子型があることになり、もしも二〇種類の遺伝子座で四種類の対立遺伝子を有していたら（実際にそんな遺伝子があるのかどうかわからないが）、このたった一つの遺伝子だけで、なんと可能な遺伝子型は一〇〇億種類（これでもまだ一一桁の数字である）にもなるのだそうだ。この遺伝子の多様性獲得への「仕掛け」を知ると、進化は個のばらつきを可能な限り拡大させようとしているのではないか、と思えてくる。とにかく、全遺伝子単位で見る私たちの遺伝的多様性は予想をはるかに超えた大きなスケールに及ぶものといえよう。人類の歴史の後にも先にも、同じ遺伝子セットを持つ他人に会えるのは一卵性双生児たちだけなのだ。安藤教授はこの意味での各個人の遺伝子的固有性、一回性を繰り返し強調している。

◎多因子性と多面発現

さて、私たちの知能や行動特徴のような高次の精神機能の個人差の発現に関わるのは多数の多型遺伝子であることが予想される。多くの遺伝性疾患のようにたった一つの遺伝子の配列異常（対立遺伝子の片方だけの配列異常で発現する時は優生遺伝、両方揃う必要がある時は劣性遺伝ということになる）が問題となる単因子遺伝に対して、これを多因子遺伝という（図16）。さらに、図16の右側に示した多面発現というメカニズムも重要で、ある特定

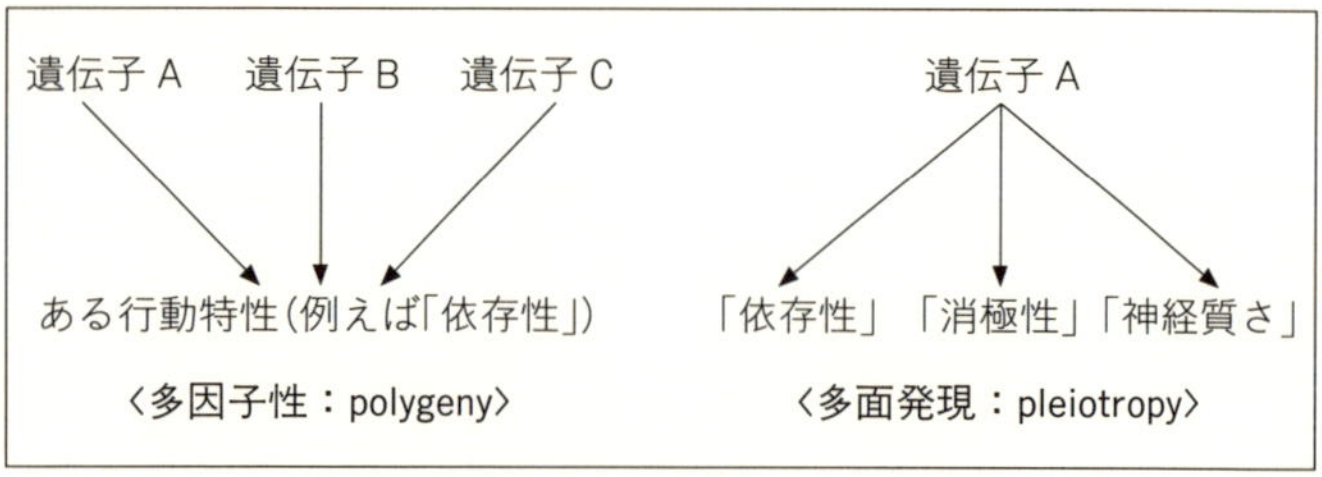

図 16　多因子遺伝と遺伝子の多面発現

の遺伝子が様々な行動特性との関連に影響することもあり得る。

　個人のＩＱ得点には少しずつの効果を持つ複数の遺伝子が関与しているといわれている。単因子遺伝の場合には、発現するかしないかの二群としてしかフェノタイプとしては表現されない。これに対して多因子遺伝だと、例えばＩＱ得点に一〇種類の多型遺伝子が関わっていたとすると、一〇種類全部で対立遺伝子が得点を高くする働きを持つなら最高の二〇個でおそらくＩＱはとても高くなり、反対に一〇ペアすべてが低くする働きだったらゼロということでＩＱ得点は低くなるはずである（もちろん環境要因を無視しての話である）。多くの人はこの中間の得点を示すはずであり、確率的に二〇個もゼロもその出現は小さくなるので、フェノタイプとしてのＩＱ得点はいわゆる正規分布（ベルカーヴという）を取ることになる。心理学が扱う行動特徴の多くは、どんな計測手法を使ったとしても十分にサンプル数が大きければその得点の分布は次第にきれいな正規分布に近づく。フェノタイプの実測からもこれらの行動特徴が多因子遺伝の影響を受けていることを想定することができるのだ。

行動特徴に影響を与える環境要因だって、例えば家族関係の影響があるし、学校生活の影響もある。家庭の社会経済的要因も無視できない。メディアや社会体制などの大きな環境も関連するだろう。しかしこれまでの多くの研究で示されてきたように、一つ一つの影響は実際にそれほど大きくはなく、たいていは全体の一割〜二割程度の説明率（相関係数で r = 0.3〜0.5 程度）を示す程度である。しかし、影響力を持つ環境要因を寄せ集めると、「塵も積もれば山になる」ということで、全体としてはばかにならない影響力を示すことになる。遺伝的要因もこれと同じようにイメージすることが可能で、「刺激に対する興奮性」といった行動特性に影響する遺伝子が仮に五つあったとすると、それぞれの効果はそれほど大きくなくても五つを合わせるとそれなりの影響力となり、その総体が遺伝子要因で説明できる部分、ということになろう。したがって、さしあたっての研究の方向性としては、まずある心理的特性に関連を持つ多型遺伝子がいくつあるのか探していくことになるだろう。ジェノタイプとして同定された多型遺伝子の種類とフェノタイプとしての行動特徴との関連を探り、さらにそこで関連性が認められた複数の遺伝子の組み合わせでフェノタイプに対する説明率がアップするかどうか見ていくことになる。こうした試みはすでに始まっているが、数千以上もある多型遺伝子を相手に手探りで進まなくてはならない。相当に地道な努力が求められる作業だし、ジェノタイプを扱う分子生物学とフェノタイプを扱う行動科学が連携しなければ実現しない研究パラダイムということになろう。

◎遺伝子型―環境相関と遺伝子型―環境交互作用

プロミン（一九九四）は、遺伝子型と環境との関連を検討する際の重要な枠組みとして、「遺伝子型―環境相関」と「遺伝子型―環境交互作用」という概念を提案している。難しそうな名前がついているが、言われてみるとなるほど、うなずける。プロミン自身の例から簡単に紹介してみよう。音楽的才能に遺伝子型が関わっているとすると、音楽的に才能豊かな子どもはやはり音楽的才能を持つ両親を持っていると考えられる。その両親自身が音楽が好きだったり楽器や歌がじょうずであれば、その子は小さな頃から音楽に囲まれた環境に恵まれることになる。このように親が素質も環境も与える場合を受動的な遺伝子―環境相関という。さらに学校でもその子どもの音楽的才能が注目され、特別な教育や才能を伸ばすような機会を用意するかもしれない。これが誘導的遺伝子—環境相関である。三つ目のパターンが能動的遺伝子—環境相関で、親も教師もその子に対して特別なことを何も用意しなかったとしても、その子自身が生育過程の中で自分から音楽的環境に引き付けられ、自分の才能を伸ばしてくれるような環境に飛び込んでいくかもしれない。いずれも、「遺伝子が環境を呼び込む」といったイメージがぴったりするだろう。

遺伝子型—環境交互作用では、遺伝子型によって同じ環境でも効果が異なる場合を指している。音楽的才能を持つ子どもたちにとっては効果を上げるような音楽のトレーニング法（例えば絶対音感を必要とするような調音トレーニング—音を楽譜に写し取る、など）が、そうでない子どもたちにとっては意味もなく苦痛で、トレーニングになるどころか音楽嫌いにしてしまうかもしれない。同様なことは遺伝子型そのものについても当てはまり、同じ遺伝子型であっても環境によって効果が異なる場合がある。同じように才能豊かな子でも、それが励まされるような環境と禁止あるいは罰せられるような環境では、才能の発芽はやはり異なってくるだろう。遺伝子型と環境との交互作用という概念は、環境との適合性《マッチング》を問う時の基本的な枠組みとなるものである。

◎神経伝達物質

最後に、行動特徴との関連が具体的に検討されてきているものとして、神経伝達物質に関連する研究を紹介しよう。私たちの行動や意識のコントロール・タワーは脳神経システムである。これを構成する神経細胞は、成人では約一兆個もあるといわれている。これらは互いに電線のように伸びた神経線維によってつながっているようなイメージがあるが、実は図17のように細い隙間があるのだ。それぞれの末端にあるシナプスから放出された様々な神経伝達物質が、隣のシナプスの受容体にキャッチされて情報を伝える。

数多くの神経伝達物質の中には、遺伝子が特定されていて、かつ行動特徴との関連が示されてきているものもいくつかある。代表的なものとして、ドーパミン、セロトニン、γ-アミノ酸（GABA）、モノアミン酸化酵素A（MAOA）などがあるが、それぞれ関連する精神疾患（ドーパミンは注意欠陥・多動性障害との関連が報告されてきており、セロトニンとうつ病、G

ＡＢＡと不安障害などの関連も検討されている）の発症や薬効メカニズムに関する遺伝子研究を基盤にしながら、しだいに一般のパーソナリティ研究にも広がりを見せている。一九九六年には、アメリカのイプシュタインとイスラエルのベンジャミンがドーパミンの受容体Ｄ４遺伝子多型（ＤＲＤ４）と、衝動性を中核とする気質特性である「新奇追求性」（Cloninger 1987、表9）との間にごく弱いながらも統計的に有意な関連性があることをそれぞれ

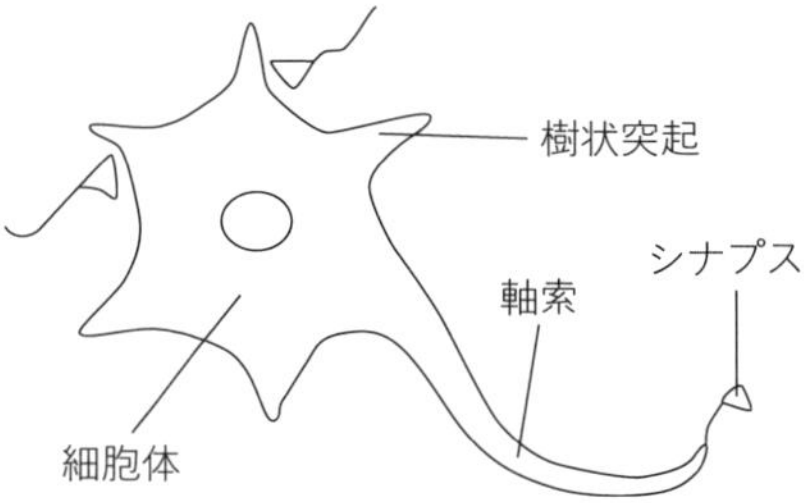

〈神経細胞〉

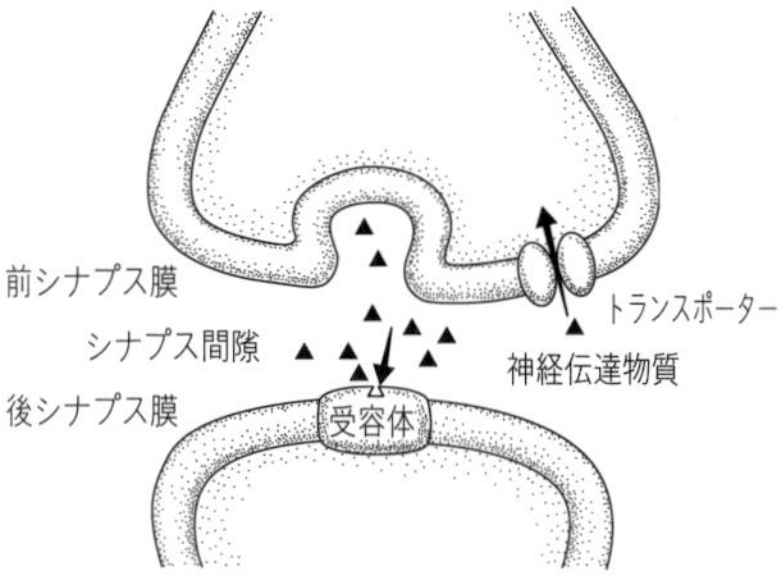

〈神経伝達物質の放出と再利用のしくみ〉

図 17　神経細胞とシナプス間隙

神経伝達物質はシナプス間隙に放出され、受容体に結合して刺激を伝達する。過剰になった伝達物質は、トランスポーターによって前シナプス膜から神経終末に取り込まれる。(石浦 2000)

同時に『ネイチャー・ジェネティクス』誌に発表し、遺伝子上の個人差と行動特性との関連を初めて実証したものとして大きな話題を呼んだ。

DRD4遺伝子の第三エクソンと呼ばれる場所には、四八塩基対から成る繰り返し配列があり、その繰り返し数は人によって異なる。繰り返し回数は二回から七回まであり、先行研究から欧米人は四回と七回の人が多いのに対し、日本人は四回が圧倒的に多く（Onoらの一九九七年の研究では84・9%、Tomitakaらの一九九九年の研究では76・1%が四回繰り返しであった）、なぜか七回の人はほとんど存在しない。イプシュタインらはこの繰り返し回数が多いことと新奇追求性が高いことの間に関連性を見出しているが、その後実施された多くの追試研究では結果が一致せずまだその関連性は確かなものではない。自己記入式質問紙で測定される新奇追求性の因子妥当性の問題も絡み、明確な結論は得られてはいないが、現在も活発に研究が展開している（木島 二〇〇〇、Schinka *et al.* 2002）。先述のように、もちろんDRD4遺伝子が単独で新奇追求性という行動特性を決めるわけではない。多くの他の遺伝子が関わっていることは間違いないが、小さな説明率にせよ、関連性のあるものを一つずつ見出していこうというのが基本的戦略とな

表9 「新奇追求性」の主な項目
(Temperament and Character Inventory, Cloninger, 1987)

「新奇性追求」(Novelty Seeking: NS)
NS 1:「探求心」
・たいていの人なら時間の無駄だと思うようなことでも、興味やスリルのために新しいことをやってみることが多い
・何かをする新しい方法を探求することが好きだ
・目新しい出来事がないときは、スリルに富むことや興奮するようなことを探し求めることが多い
・誰かが話しかけてくれるのを待っているよりも、自分から話し始める方が好きだ
NS 2:「衝動」
・前にはどのような方法でやったかを考えずにその時の気分でやってしまうことが多い
・あまり物事を深く考えずに本能や予感、直感に従うことが多い

る。相方となる行動特徴をどのように概念化し測定するかということももちろん大きな課題であり、遺伝子との対応から逆に項目内容を検討していくことも有効かもしれない。いずれにしてもまだまだ「野心的な試み」の段階ではあるが、今後も研究数は増え続けていくことが予想される。

さて、話はもうひとつ複雑になってしまったが、ここでの研究パラダイムは「遺伝子多型→神経伝達物質の伝達様式や分泌・代謝に関する特徴(個人差)→行動特徴や精神疾患の発現」という三つの変数間の関連を探ることになる。いよいよ複雑になってきてそろそろ勘弁してほしい、という方もあるかもしれないが、行動特徴に関する遺伝と環境の問題は脳神経システム内のプロセスをスキップするわけにいかない。先ほど、分子生物学と行動科学とが連携すれば新しい展開があるか

もしれない、と書いたが、本当はさらにここに脳科学が媒介しなければ事態は明らかにならないのである。

◎遺伝子型—環境交互作用についての実証的研究

こうした神経伝達物質に関する遺伝子型と環境要因との交互作用を示す現時点で最もクリアな研究結果が、『サイエンス』誌に報告された（Caspi *et al.* 2002）。研究対象となったのは、第5章でも紹介したパーソナリティの発達に関する世界最大規模を誇るニュージーランドの長期縦断研究「子どもの発達と健康プロジェクト」の子どもたちである。通称ダニーディン・スタディとして有名なこの研究は、ある年に生まれたダニーディン市の一〇三七名の乳児を研究に登録し、三歳・五歳・七歳・九歳・一一歳・一三歳・一五歳・一八歳・二一歳、そして二六歳に至るまでほぼ全員（九九六名、96％）を追跡したビッグ・プロジェクトである。このサンプルの中で男子だけ（52％）を対象に、思春期には全員を対象とした精神科診断面接によって行為障害（子どもの精神疾患のカテゴリの一つで、攻撃的・反社会的な問題行動がたびたび出現し、学校や家庭での適応に大きな支障をきたしている状態を指す）の有無を調べ、さらにオーストラリアおよびニュージーランド警察の協力で対象者たちの暴力犯罪歴を調査した。二六歳時には反社会的性格傾向についての質問紙を実施している。

環境要因として調べられたのは、子ども時代の親からの被虐待経験であった。虐待を受けた経験が将来の反社会的行動の危険因子となり得ることはこれまでの多くの発達精神病理学的研究で示されてきている。しかし、虐待を受けた子どもたちのすべてが思春期や青年期、成人期で反社会的行動を出現させるわけではなく、こうした行動がほとんど見られない子も多く存在することが知られていた。同じように厳しい体験をしたのに、反社会的行動が発達してしまうグループとそうでないグループがある。この違いを生む要因の一つとして、この研究では、これまでの動物や人間の研究から攻撃的行動に関連することが明らかになっているモノアミン酸化酵素A（MAOA）のプロモーター部分の多型遺伝子を対象者全員について解析し、反社会的行動の出現（行為障害や暴力犯罪、反社会的行動傾向）と被虐待経験との関連を検討したのである。

結果は図18に示されたとおりの交互作用が示された。攻撃性を抑制する傾向との関連が示されている遺伝子型（MAOA高活動群、二七九名）でも虐待的養育を受けた場合には反社会的行動の出現は少し多くなるが（—■—）、一方、攻撃性を促進する傾向と関連する遺伝子型（MAOA低活動群、一六三名）で同じように比較的重篤な虐待的養育を受けると、もっとずっと高い頻度で反社会的行動が出現し（—○—）、両者の交互作用を統計的に確認することができたのである。ここで最も重要なことは、MAOA低活動群でも虐待を受けなかった群では反社会的行動の出現が高い群と変わらず少ないレベルにとどまっていることであろう。虐待などということが起こらなければ、MAOAに関する遺伝子上の個人差も反社会的行動といった不適応の出現に一役買わなくて済むのかもしれないのである。

心理学では、長らく遺伝子と環境との相互作用を理念的なものとしてだけ唱え続けてきた。しかし、この研究は、二一世紀を迎えてその相互作用を実

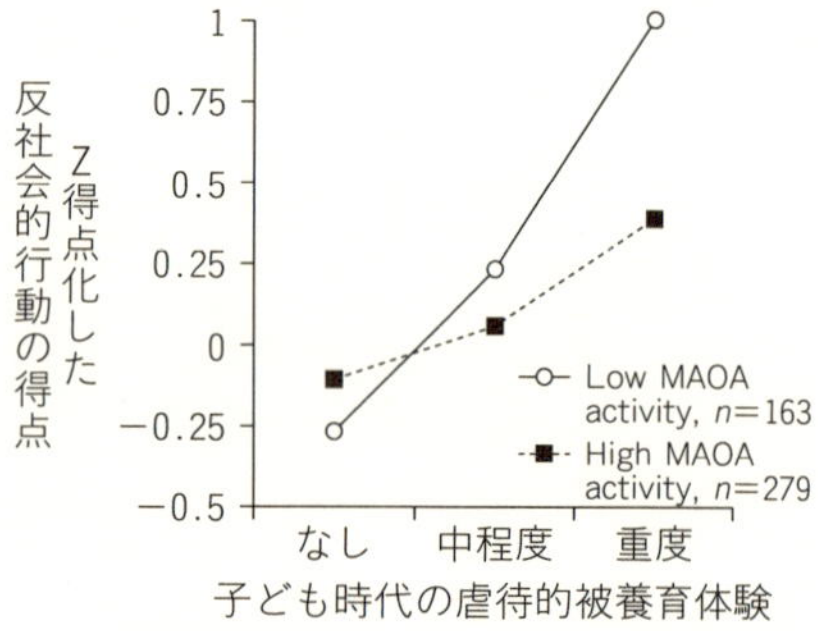

図18　遺伝子型の個人差と反社会的行動との関連

（ダニーディン子どもの健康と発達プロジェクト〔Caspi 2002 より〕）

*遺伝子型（G）×被養育体験（E）の交互作用は $p<.01$ で有意になった。

証する方法を心理学も手に入れ始めたことを具体的に示すものといえるだろう。人間の行動特徴と遺伝子との関連メカニズムは複雑であるに決まっているし、ある特定の特性に複数の遺伝子が関連する多因子遺伝が関わっていることは間違いない。実証していくための方法論ももっともっと洗練される必要がある。人間のパーソナリティについての遺伝子決定論を再燃させるきっかけとなる危険性も孕んでいて、倫理的にクリアすべき課題も多くある。しかし、それでもきっと多くの若い研究者たちがこうした研究に刺激されるに違いない。今後どのような展開がなされるのか、注目したいと思う。

〈8〉ふたごのきょうだいの不思議

◎心理学における双生児研究

前章で見たように、遺伝子型（ジェノタイプ）との関連を直接的に扱う分子生物学的方法を取り入れた研究は、まだやっと糸口をつかみ始めたところである。人間の行動上の個性形成に対して本質的な答えを求め得る方法であることは間違いないが、遺伝子そのものに未知の部分が多過ぎるし、神経系形成への発現プロセスの解明も始まったばかりである。複雑な表現型（フェノタイプ）としての行動特徴との関連を問うにはまだかなりの道のりが必要であろう。これに対し、現代の人間行動遺伝学では、具体的に遺伝子を特定しなくても、一卵性と二卵性の双生児を対象とすることで、ある行動特徴の形成に対する遺伝子関連要因の影響を統計的に推定できるようになってきた（プロミン 一九九四）。この方法は非常に有効で、ある行動特性についての遺伝と環境の相対的影響力を同時に知ることができる。ここではふたごのきょうだいを対象とした研究からどんなことがわかってきたか見ていくことにしよう。

一つの受精卵が何らかの理由によって発生途中で分化して成長する二人の

人間、つまり互いにほとんど同一の遺伝子情報を持ってこの世に生まれてくる一卵性の双生児を対象とした研究は、人間の発達や成長に対する「遺伝と環境」の役割を鮮やかに示してくれるものとして、心理学では古くから大きな関心が持たれてきた。一卵性双生児間に何らかの違いが生じたとしたら、それは身体的特徴であれ心理的特徴であれ、(遺伝子の発現過程に関与する細胞内環境要因を含めて) ほぼ100%環境が生み出したものと見ることができる。私たちの身近にも、よく似た一卵性双生児であってもまったく違う人生を歩んでいる二人もいて、出会う人々や置かれた環境、あるいは相手とは違う道を行こうとする個人の意志の力がどれだけ人間にとって大きなものかを教えてくれる。

そうかと思えば、ある例では、ごく幼い頃に片方が養子に出されて成人するまでお互いの存在すら知らなかったのに、成人後に出会ってみると、趣味や職業、病歴から離婚暦、食べ物の好みや爪を噛むくせに至るまでそっくりだったという (Bouchard 1979)。このような遺伝の成すわざの不思議さを感じずにはいられない異環境一卵性双生児の事例については、アメリカのミネソタ大学や国家的規模での双生児研究が進んでいる北欧などで、組織的に集められ検討が始まっている。いったいどのようなメカニズムでこうした類似性が生じてくるのか、今後の研究成果がとても楽しみであり、ふたごのきょうだいの行動特徴を探究することは、昔も今も個性に関する人間科学にとって深い洞察と尽きない興味を与えてくれるものであり続けている。

●ふたごのきょうだいとは

さて、こうした双生児研究によって何がわかるのかを見ていく前に「ふたごのきょうだい」に関する基礎的事項をごく簡単に整理しておこう。双生児研究は人間行動遺伝学の主力となる方法論であり、すでに優れた概説書や専門書が書かれている（プロミン 一九九四、安藤 二〇〇〇。詫摩・天羽・安藤 二〇〇〇）。興味を持たれた方はぜひこれらをお読みいただきたい。

ふたごを含めて一度に複数の子どもを妊娠することを多胎妊娠、その子どもたちの出産を多胎出産という。ここで生まれてくる多胎児たちには、図19のような一卵性多胎児と二卵性以上の多胎児の二種類がある。一卵性の場合は、これまでにもたびたび述べてきたように、一つの卵子に一つの精子が受精した後、偶発的に二つまたはそれ以上に分化して成長する子どもたちである。二つに分化したなら一卵性双生児、もしも三つなら一卵性の三つ子ということになる。昔マンガにあった「おそ松六きょうだい」のような一卵性の六つ子の報告例は聞いたことがないが、非常にまれではあっても「一卵性の三つ子ちゃん」は実際に存在する。また、一卵性の多胎児たちの性別が異なることはまずない。男女のふたごなら、ふつうは間違いなく二卵性である。しかし、これまでに世界でも一〇例くらいしか報告されていないが、きわめてまれに性腺部分のＸＹ細胞の異変によって男女の一卵性双生児が誕生することもあるという(中込 一九九五)。そっくりな男女のふたごのきょうだいが入れ替わって活躍する楽しいファンタジー映画やマンガが時々作られるが、そこに出てくる主人公たちが実在する可能性もゼロではないのだ。

二卵性以上の多胎児の場合は、何らかの原

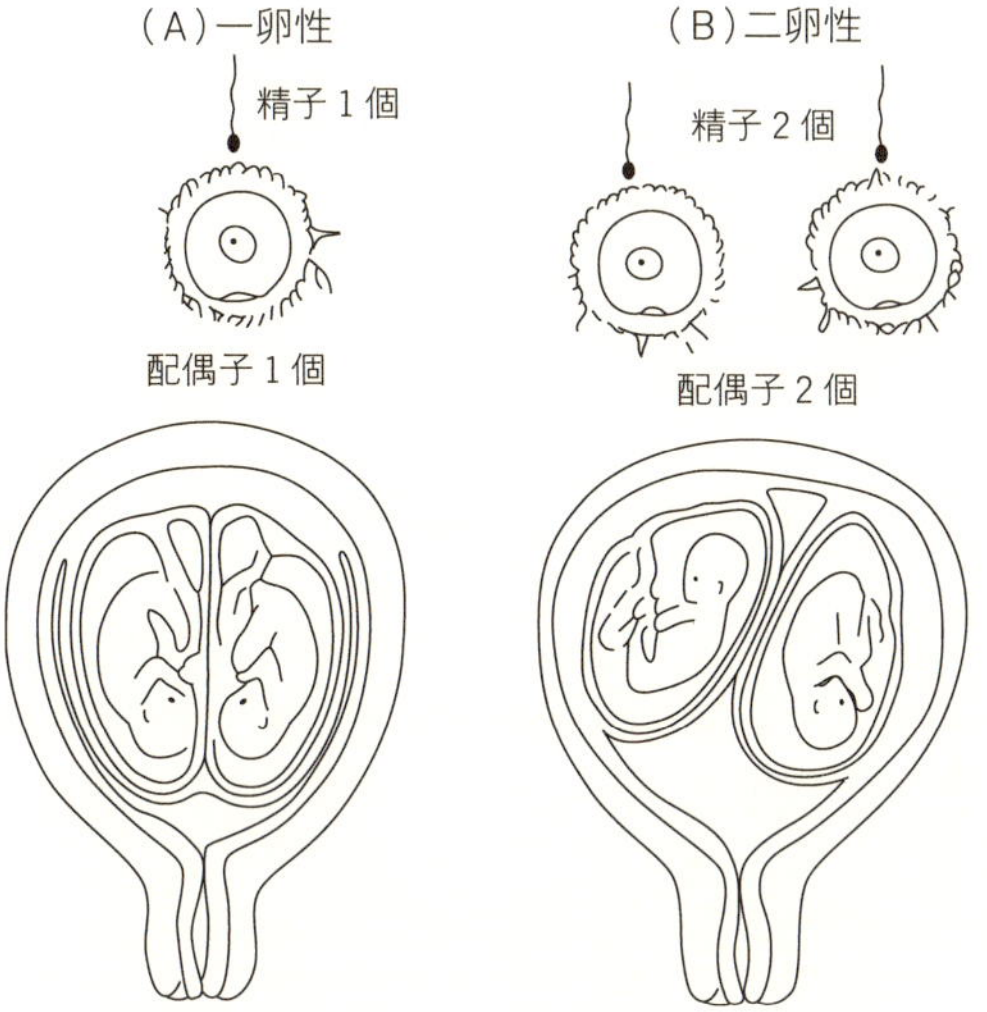

図 19 一卵性双生児と二卵性双生児の受精図

因によって一度に複数の卵子が排卵され、複数の精子とそれぞれ受精したものであり（図19）、遺伝学的にはふつうのきょうだいと変わりはない。一卵性の多胎児どうしは現在のところほぼ100％同一とみなせるDNAおよび遺伝子セットを有しており、二卵性ではその遺伝的類似性はふつうのきょうだいと同じく半分の50％となる。双生児法では、この一卵性双生児と二卵性双生児の間のフェノタイプ上の類似性を比較し、ジェノタイプ上想定される100％対50％の類似性とどの程度ずれるかによって、当該のフェノタイプに及ぼす遺伝的要因と環境要因の相対的な影響力を推定していく。例えば、身長に及ぼす遺伝・環境両要因の影響を知りたければ、できるだけ数多くの一卵性双生児間と二卵性双生児間の身長を測定し、各ペアの一致度を求める。

身長が遺伝の影響をもしもまったく受けないとすると、フェノタイプ上の類似度は一卵性も二卵性も同じ程度になるはずである。しかし、実際は一卵性が0・9の類似度で二卵性がその半分の0・45程度と、遺伝学的に予想される二対一に近くなり、身長には遺伝的要因の影響が確かに大きいことが示されたことになる（プロミン　一九九四）。現在筆者らの双生児研究の対象となってくれている一卵性双生児の子どもたち三四四組（小学校一年生〜中学

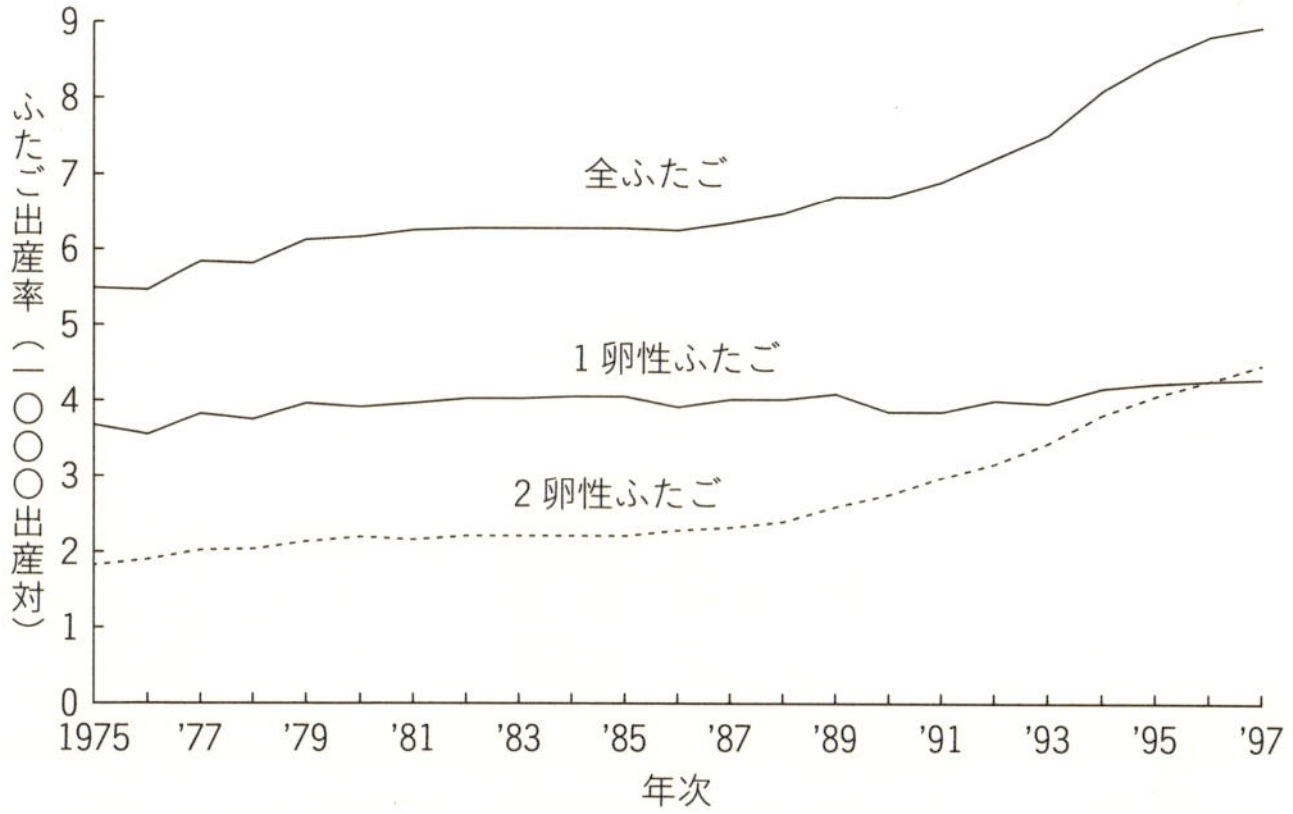

図20　卵性別ふたご出生率の年次推移、1975～1997年
（詫摩・安藤・天羽 2000より）

三年生）の身長のプロットでもその一致度は非常に高く、相関係数で表現するとr＝0.96にもなった。

さて、こうした双生児はどのくらいの割合で出産されるのだろうか。最近では排卵誘発剤や人工授精による不妊治療の進歩とともに多胎妊娠・出産が増加してきており、ふたごや三つ子、四つ子の出産数は一九八五年以降急激に上昇している。一時、排卵誘発剤などの影響による五つ子や六つ子の出産・育児がマスコミを賑わしたが、日本産婦人科学会が一九九六年二月に多胎妊娠予防対応策として減数手術を認めたことなどによって、一九九七年以降はこうした「大きょうだい」での多胎出産は激減した。家族のご苦労は計り知れないものはあるが、五つ子ちゃん・六つ子ちゃんたちの成長の記録は今となっては本当に貴重なものといえるだろう。ふたごに限ってみると、一卵性双生児の出産は二〇〇〇年で一〇〇〇あたりほぼ四で、約二五〇回の出産に一回の割合になる。二卵性双生児は不妊治療の影響が及ぶまではその半分程度の約二・三くらいだったのが、一九九七年には一卵性以上の出生率にまで上昇している（図20）。したがって、現在では一卵性と二卵性の双生児が生まれる割合はほぼ同じで、両者合わせて八・六組／一〇〇〇にまでなってきており、約一二五回の出産に一回は双生児が生まれるようになってきている。増加する多胎の妊娠や出産、子育てへの本格的な支援策が早急に講じられる必要があると同時に、多くの一卵性と二卵性サンプルを統計学的に比較して研究を進めなければならない双生児研究者にとっては理想的な状況になりつつあるともいえよう。

双生児研究からわかること——遺伝・共有環境・非共有環境

一卵性双生児を identical twins、あるいは「一接合子性」（Monozygotic、モノザイゴティックと読み、通常ＭＺと略している）と呼び、二卵性双生児は fraternal twins、あるいは「二接合子性」（Dizygotic、ダイザイゴティック、略してＤＺ）と呼んでいる。双生児法では、様々な心理的形質に関するこのＭＺとＤＺの双生児の間の相関係数（ふたりの類似度）を比較することで、その形質に影響している遺伝要因と環境要因の相対的な貢献度を算出することができる。ある一つの心理的形質や身体的特性について分析する時、これを単変量遺伝解析という。この分析の前提として重要なことは二つあって、一つは前述のように一卵性のふたごは遺伝学的にほぼ100％の類似度で二卵性は50％であることで、ある形質形成に影響する潜在的な遺伝要因A（正確に言うと、相加的遺伝効果と呼ばれ、additive genetic effect, Aと略される）に対して一卵性のふたりの間には同一であることを表す一・〇、二卵性ではその半分の〇・五という値を設定することになる。二つ目は、同じ環境で育つふたごは一卵性であれ二卵性であれ、それぞれの交友関係や親との関係、違うクラスにいることといったひとりひとりに独自な体験をしていると同時に、同じ親に育てられていることや同じ家屋で暮らしていること、同じ学校に通っていることなど、ふたりに共通する要因もたくさん有していることである。こうした環境要因について、ふたりに共通の効果をもたらすもの（ふたりを類似させる働きを持つ要因）を「共有環境」（shared environment, あるいはcommon environmentと呼び、通常Cと略す）、ひとりひとりに独自の効果を及ぼす要因（ふたりを違わせる要因）を「非共有環境」（non-shared environment, Eと略す）と分けて設定していく。共有環境Cは一卵性でも二卵性でもふたりに同じ効果をもたらすので、ともに一・〇となり、非共有環境Eは独立した潜在因子として別々に設定される。

話がややこしくなってきたが、この先は人間遺伝学の最も優れた研究者であるロバート・プロミン教授がまとめた実際のデータ（表10）をご覧いただきながら「イメージ」をつかんでいただきたいと思う。この単変量遺伝分析の目的を簡単にいってしまうと、人間の心身のそれぞれの特徴を遺伝Aと共有環境C、非共有環境Eの三つに成分分解して、それらの相対的貢献度のあらましを知ることであるといえる。表10からIQや学業成績といった知的能力とパーソナリティ特性とを比較してみると、双方とも遺伝の説明率は40〜50％と共通している。しかし、パーソナリティ特性では共有環境要因がたった5％程度しか推定できないのに対し、知的能力では約三割にのぼっている。知的能力にはふたごの二人が共有する何らかの環境要因が共通する（ふたりの知的能力を類似させる）効果を生み出すことができるが、パーソナリティにはそのような効果を持つ環境要因がとても少ないことを予想させる結果であると見ることができよう。知的能力については、さらに興味深いこと

表 10　双生児研究による遺伝率推定（遺伝 A；共有環境 C；非共有環境 E）の主な結果（プロミン 1994 より改変）

			推定される分散のコンポーネント		
	相関係数(類似度)		遺伝 A	共有環境 C	非共有環境 E
〈知能指数：IQ(Bouchard & McGue 1981)〉			50 %	30 %	10 %
一卵性双生児(4,672 ペア)	.86				
二卵性双生児(5,546 ペア)	.60				
異環境双生児(65 ペア)	.72				
〈特殊認知能力(Nichols 1978)〉			40 %	30 %	20 %
	一卵性	二卵性			
言語理解(27 研究)	.78	.59			
言語の流暢さ(12 研究)	.67	.52			
推　理(16 研究)	.74	.50			
知覚速度(15 研究)	.70	.47			
記　憶(16 研究)	.52	.36			
〈学業テスト(Loehlin & Nichols 1976)〉			40 %	30 %	20 %
	一卵性(1,300 ペア)	二卵性(864 ペア)			
国語	.72	.52			
数学	.71	.51			
社会	.69	.52			
理科	.64	.45			
〈パーソナリティ(Plomin, 1990)〉			40 %	5 %	45 %
	一卵性(4,978 ペア)	二卵性(7,790 ペア)			
外向性	.51	.21			
神経症傾向	.50	.23			

（非共有環境分に含まれる誤差を約 10 %と見積もってある）

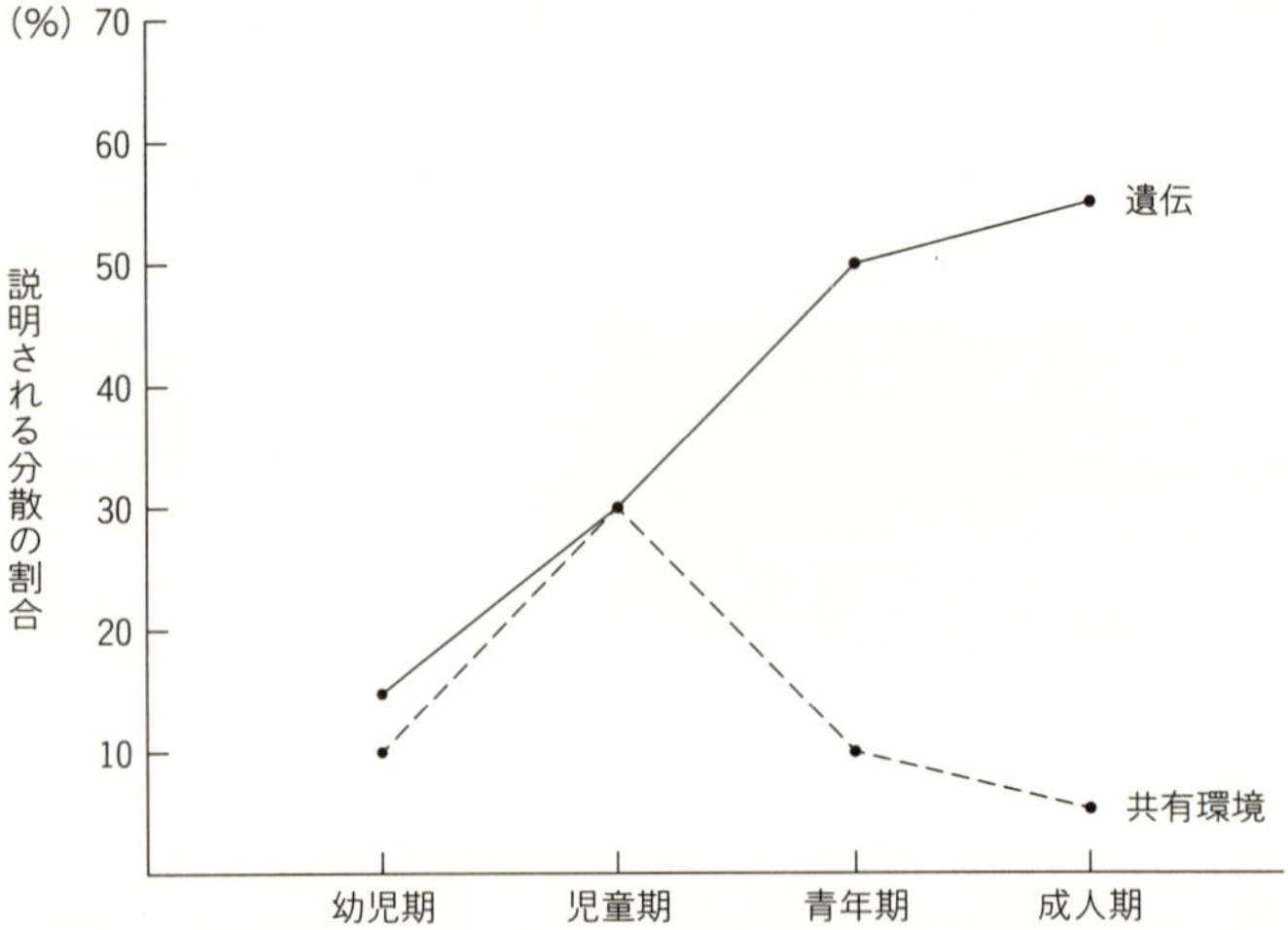

図 21　IQ の遺伝的影響ならびに共有環境の影響の生涯プロフィール
(Plomin 1990)

に、これまでの研究を総括すると図21のように加齢とともに遺伝の説明率が上昇することがわかり、共有環境は児童期がピークになっている。これまでの常識からは、加齢とともに環境の影響が蓄積されて遺伝率は低下するように思えてしまうが、こうした結果を見ると違った仮説も構成し得ることに気が付く。もしかすると知能の発達には加齢とともにどんどん多くの遺伝子が関わるようになって、結果として遺伝率が上昇する、というようなメカニズムもあり得るのかもしれない。具体的な解明は縦断的検討を含めて今後のことであるが、こうした知見は、人間行動遺伝学的研究が私たちの発達観を思いもかけない方向に広げてくれる可能性を示す興味深い例であるといえるのではないだろうか。

第7章で述べたように、一つの特性に影響しているのは多くの遺伝子（多因子遺伝）であって、それが具体的にどの遺伝子とどの遺伝子なのかを特定することは分子生物学的方法の進歩を待たないとわからないし、おそらく一つ一つの遺伝子の影響力はかなり小さなものであろう。しかし、これらの結果やその他の精神疾患などを対象とした遺伝分析の結果を見る限り遺伝率はどれも30～50％の説明率を有しており、総体として遺伝子に還元し得る影響の割合は予想以上に大きな値であることが次第にわかってきた、というのが現状の正しい解釈であろう。やはり私たちの行動上の個性のベースには遺伝子が関わっていると考えるべきなのだろうが、まだまだ心理学が対象としてきた多くの行動特性についての検討が残されており、今の段階で人間の行動特性全体について結論づけることは適当ではない。また、表中の研究はほとんどが青年期や成人期を対象としたものであり、発達初期やあるいは老人期を含めた幅広い年齢的な吟味も必要である。最終的な結論は多くのあらたな双生児研究を待たねばなるまい。

もうひとつ、この分析から見えてくる重要な情報は、二つの環境要因の割合にある。パーソナリティの諸特性に関する先行研究の結果を見ると、驚くことに、ほとんど共有環境の影響は報告されていない。遺伝と非共有環境だけで大部分の分散が説明されており、「AEモデル」があてはまっている。同じ家に生まれ育つふたごのきょうだいでさえ、その性格形成にあたっては、親やほかの家族からの、またその家庭の持つ様々な社会文化的要因の影響をひとりひとり別々なものとして受けているると推定できるのである。第I部で個性の起源を見たとき、新生児の個性と環境の個性が出会ってその発達が始まると表現したが、そのことはもっと厳密に修正されなければならない。子どもの個性の発達に関わる環境要因は、子どもの個性によってその影響力の発揮され方が異なり、子ども側の個性を超えてどんな子にも万能薬のような効果を及ぼすものは実際にはほとんど存在しないのである。なんだかまわりくどい言い方だが、長らく環境決定説を信じてきた多くの発達心理学者たちにとっては、これらの行動遺伝学的研究の結果は、天動説から地動説への変更ほどの大きなインパクトを持つ事実だったのである。

「親がやさしく接すれば、子どもは素直な子に育つ」——例えばこんなふうに、やさしい親の養育態度はすべての子どもを同じように良い性格にする効果を持つはずだ、と素朴に信じられてきたとすれば、それは次のように変更しなくてはならない。すなわち、「親がやさしく接したとしても素直に応じる子もいれば、反抗的な態度が助長してしまう子どももいるかもしれない。この違いは子どもの持つ遺伝的要因とそれまでの成育歴の中で出会った環境要因とによって形成されたその時点での子どもの表現型（フェノタイプ）の特徴によってもたらされる。それがたとえ一卵性のふたごのきょうだいであっても同じで、その時点までにふたりのフェノタイプに違いがあったとしたら、同じような親の養育態度でも異なった結果をもたらすことになる」と。個性の発達に及ぼす遺伝と環境の影響は、漠然としたイメージでの袖ふれあうような「相互影響性」ではなく、本当に「交互作用」であり、両者の特徴をしっかりと同定した上でないとその出会いの結果を実際には予測することはできないものだったのである。

◎〇歳からの双生児追跡研究

以上のように、近年の双生児法を中心とした人間行動遺伝学的研究は、単変量遺伝分析を可能にしたような統計的手法の進歩とともに、個性の発達に関して非常に重要な知見を量産するに至っている。欧米各国では国家規模の

表 11　日本の双生児（就学児童）の気質的特性の単変量遺伝分析（ACE モデルによる）の結果（菅原ほか 2001）

＊気質特性（temperament）：ジュニア版 Temperament ＆ Character Inventory で測定　（小学校 1 年生〜中学 3 年生、計 706 組）

	対内相関		AE モデルでの相対的影響力		
	MZ	DZ	遺伝(A)	共有環境(C)	非共有環境(E)
新奇性追及(NS) (novelty seeking)	.16**	.04	15.4％	0.0％	84.6％
損害回避 (harm avoidance)	.49**	.07	43.3％	0.0％	56.7％
報酬依存 (reward dependence)	.56**	.29**	55.8％	0.0％	44.2％
持続 (persistence)	.28**	.05	24.9％	0.0％	75.1％

双生児登録がおこなわれ、何万組という双生児を対象とした大がかりな研究プロジェクトも組まれ始めている。ヒトゲノム時代の到来にあわせて、「遺伝と環境」問題を早急に展開する必要に迫られていることもあろう。

筆者らの研究グループ（菅原・天羽・詫摩ほか二〇〇〇）でも、〇歳から一五歳までの一卵性双生児と二卵性双生児約二三〇〇組を対象とした追跡研究を開始したところである。まだまだ報告できるものは少ないが、乳児期から思春期までの子どもたちの行動特徴に関する基本的な分析を試みたところ、上述の青年・成人期のパーソナリティ特性の結果と同様にAEモデル（遺伝―非共有環境モデル）のあてはまりがよいことがわかった（表11）。表11には小学校一年生から中学三年生までの就学児童のデータを示したが、もっと低年齢の〇歳児や一歳児の分析でもやはり共有環境要因は大きな効果を持つことはなかった。今後のさらなる追跡研究の中で、こうした遺伝と環境の役割は縦断的にどう変化するのか、また、同一遺伝子を持つ一卵性双生児のペアがどのような違いを見せるようになるのか、違いが出現したとしたら、それは具体的にどの環境要因と交互作用を起こすことによるものなのか、具体的に明らかにしていきたいと考えている。

〈9〉子どもの個性の発達に影響する環境とは

◎子どもを取り巻く環境の多様さ

前章まで個性形成の一方の基礎となる遺伝子関連の要因について見てきた。私たちは潜在的な能力も個性も持って生まれてはくるが、それらが現実の「かたち」を成すにあたっては、受精に遡って、置かれた環境がどのようなものであるかに大きく影響される。子ども側の個性と環境側の個性が出会うところに発達が始まる、ということはこれまでに述べてきたところである。

子どもの発達に関わる環境を大まかに整理してみると、図22のようになる。子どもにもっとも近い家庭環境、その家庭を取り巻く地域社会、国、もっと大きな地球環境に至るまで、すべての環境要因は有機的につながりを持っている。ブロンフェンブレンナー（一九七三）は、こうした環境要因間の関連性を四つのレベルを持つ生態学的なシステム・モデルとして描いている。子どもに身近な順に、マイクロシステム、メゾシステム、エクソシステム、マクロシステムとし、それぞれが図のような位相的に同じ中心を持つ「入れ子構造」を成して互いに複雑に関連し合いながら子どもの発達に関わ

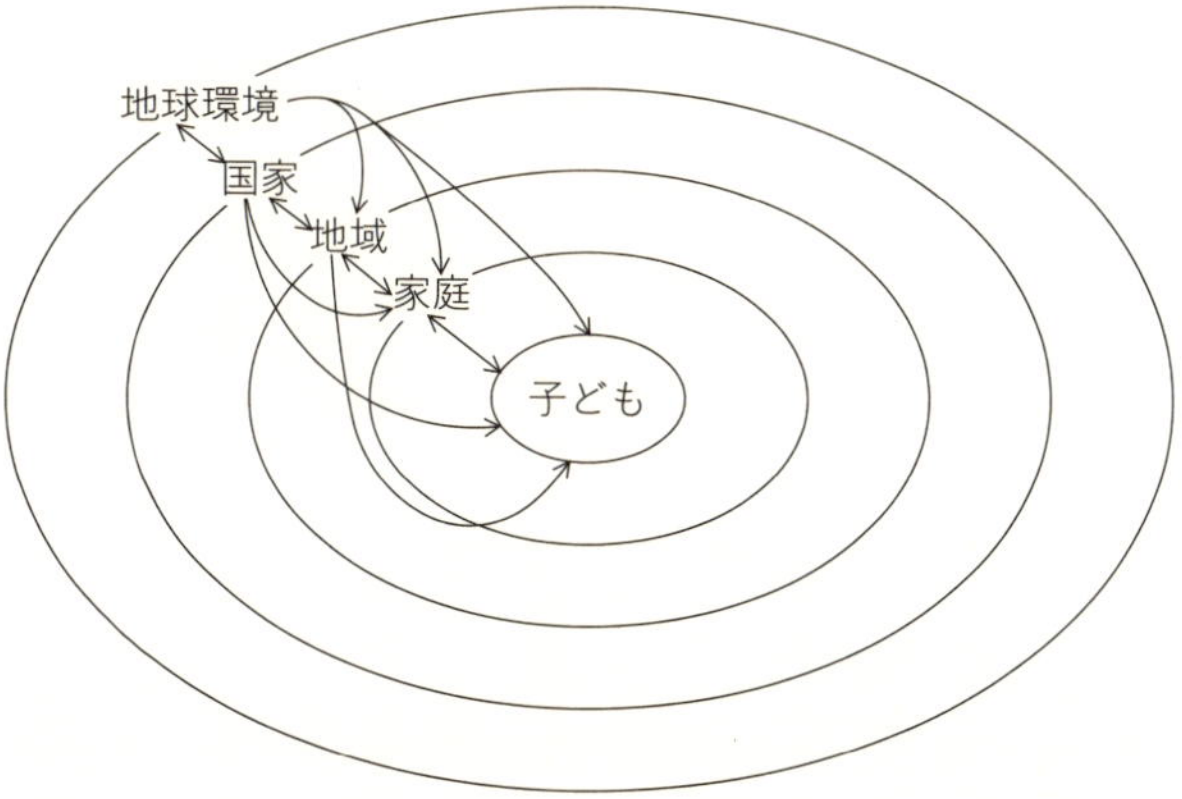

図22　子どもをとり巻く環境要因の構造
（すべての環境は有機的つながりを持って子どもの発達に関わる）

る。マイクロシステムは子どもが参加している具体的な活動場面のことで、子どもが直接経験する親子関係、きょうだい関係、教師との関係といった子どもが持つ周囲の人々との人間関係や様々な役割関係、さらに個々の活動そのものが含まれる。メゾシステムはマイクロシステム同士の関係を指し、子どもが参加している二つ以上の行動場面間の相互関係から成る。家庭と学校と地域、家族と職場の人間関係の間の関係性などを含んでいる。エクソシステムはさらに大きな社会的環境で、子どもは直接的に参加していないけれど家族や家庭、学校生活などに影響を及ぼす間接的な環境を指している。両親の職場やきょうだいが所属しているクラス、両親の友人ネットワークなどが含まれる。そして最後のマクロシステムは子どもが所属する様々な下位システム（マイクロ、メゾ、エクソ）に共通した影響を及ぼすような、広くその社会で共有されている信念や価値体系、イデオロギーが含まれる。例えばイスラム教文化圏とキリスト教文化圏ではマイクロ、メゾ、エクソの各レベルで生じる現象はかなり異なるし(もちろん共通部分もあるが)、日本とアメリカのように国単位でのマクロシステムにも相違点がたくさんあるだろう。

少しわかりやすい例で考えてみよう。多くの研究で夫婦仲が良いと子どもとの関係も暖かく支持的なものになることが示されているように、マイクロシステムである父子関係と母子関係はメゾシステムの中で夫婦関係というパスを通じて子どもに影響する。こうした夫婦関係の良好さに影響する要因の一つとして夫婦の子育て協力の程度があるが、思いどおりに子育て協力ができるかどうかはその国の持つ保育・教育制度や就労システムといったマクロシステムに直接影響されるし、またそれがエクソシステム内の親の会社の職場での対人関係にも影響して職場の同僚が快く定時退社を承認してくれるかどうかを制限する。さらにその社会に浸透している「男は仕事・女は家庭」といったマクロな伝統的な性役割に対する価値観や信念も両親の行動や意識に有形・無形に影響を与えていて、社会的制度や当該の家庭の夫婦関係のあり方に深く関わってくる。四つのレベルの環境は密接に関連し合っているので、現実に子どもに起こっている事象の原因や発生のメカニズムを分析する時には、その背景にあるこうした大きな歴史的・社会的な要因をも含めて見ていくことが求められるのだ。

◎子どものパーソナリティの発達に関わる環境要因

子どもは「真空パック」の中にいるわけではなく、その時々の歴史的、社会的、地域的、そして家庭的状況に埋め込まれて成長していく。現在の日本のような超少子社会では、子どもは過剰ともいえるほど大切にされ、成人期に達しても親の庇護下にある「パラサイト」な子どもたちも大量に出現してきた。しかしこれは歴史的にみればごく最近の傾向で、かつての貧しい農耕社会では子どもたちは小さな頃から「労働力」であり、テレビドラマ「おしん」のようにわずか七歳くらいで親元を離れて奉公に出る子どももたくさんいた。現代でも戦闘地域にある子どもたちや、国民の多くが飢餓と隣り合わせにいるようなところに生まれてくる子どもたちは、飽食ニッポンの子どもたちとはまったく違った状況の中で育っていくことになる。もっとローカルな状況としても、子どもが大きくなってもママとパパが手をつないでお散歩してしまうようなラブラブな両親のもとで育つのか、離婚劇の進行に立ち会うのかでは、子どもの毎日の暮らしもずいぶんと異なる。こうした子どもを取り巻く大小様々な環境条件を総称して、発達心理学では「発達の文脈」(context：コンテキスト)と呼んでいる。

子どもがどのような歴史的・社会的コンテキストの中で成長していくかは、その子の個性の発達にもちろん大きな影響を及ぼす。しかしその影響力は認めた上で、それでも私たち発達心理学者は、多くの社会学や教育学のように歴史的・社会的状況によってあたかもすべての子どもが同じ影響を受けるかのような一方向的な環境決定論を展開するのは片手落ちだと考えている。繰り返し述べてきたように、子どもにもそれぞれ能力と個性に違いがあって、コンテキストの影響の受け方は個々異なるからである。どのような時代にも、誰が見ても悲惨で過酷な運命を跳ねかえしてたくましく育つ子もいれば、センシティブさゆえに、ごくふつうに見えるような環境の中でも傷つき、問題を抱えてしまう子もいる。歴史的・社会的状況が様々な特徴を持つ個人にそれぞれ具体的にどのような影響を及ぼすのか、そのパターンを検討した上ではじめて子ども全体に対する影響力を語ることができるようになる。話は複雑になってしまっても、こうした子どもの個人差要因と特定の歴史的、社会・地域的、そして家庭的な環境要因とが、どの発達段階で、どのような相互作用をおこなうのかを具体的に検討することなしに、リアリティある子どもの発達は語ることはできない。そのためには、子ども側の個人差要因の探究とともに、発達に影響を及ぼすと予想される環境側の特徴の分析も同時にすすめられる必要があろう。

東ら（一九七〇）にしたがって子どものパーソナリティの発達に影響することが予想される環境要因のリストを示した（表12）。ご覧になっていただいてわかるように、ため息がでるほど多くの要因があるし、このほかにも多くの要因が考えられるだろう。しかも、ダイオキシンから宗教的要因、養育者のパーソナリティに至るまでどれも大切そうなものばかりだ。表中の(1)から(7)までは家庭内の要因、(8)は友人関係、(9)から(12)は所属集団、(13)は自然環境と、だんだんとスケールが大きくなってはいくが、それぞれに子どもの発達と具体的に関わってくる変数群である。一つずつについて、子どもの特徴によって影響は異なるのかどうか、異なるとすればどんなパターンがあるのか見ていくことになるだろう。なかには個人差を超えて多くの子どもに同じような効果をもたらす強力な環境要因も見つかるかもしれない。子どもの行動に見られる多様な個人差を考慮した上での環境要因の効果に関する研究はまだこれからの課題であり、発達段階ごとに丁寧に検討される必要がある。そうした研究の中から、より良い結果につながる「個性にあった環境のあり方」が見えてくるのではないだろうか。

◎親の養育要因の影響の複雑さ

さて、表12に示した要因の中でも、親の養育に関する要因の影響はいつも大きな関心が持たれてきた。一九五〇年代の児童心理学の成立以来、親の養育態度や養育方法が子どもの個性の形成にどのような影響を及ぼすのか膨大な研究がなされてきている。たとえば、親の養育態度は図23に示したような二つの特性次元――「養育の暖かさ（愛情―拒否）」と「干渉傾向（子どもの自律性に任せるか親が統制するか）」――で捉えられることが知られているが（Vinacke 1968）、親が暖かさを欠き過干渉傾向にある養育態度をとると、後に子どものうつ病の発症に関連するなど、子どもの精神的健康や社会適応に影響することは多くの精神医学的研究などで明らかにされてきている

表12　子どものパーソナリティの形成に影響が予想される環境要因
（東ほか 1970 を改変、追加）

(1)養育者のパーソナリティ要因	様々な特性次元での養育者自身のパーソナリティの特徴
(2)養育者の精神的安定の要因	ストレス度や様々な心身疾患への罹患など
(3)養育方法の要因	授乳形態、スキンシップ（身体接触）の方法や頻度、離乳やトイレット・トレーニングの時期や方法、睡眠・食事・清潔・着衣などの基本的生活習慣の獲得のさせ方、規則や道徳などの社会的ルールの獲得のさせ方、子どもの感情表現（怒り、甘えなど）に関するしつけ方など
(4)養育者の養育態度や養育行動の要因	(3)の実施時や日常的な子どもとのコミュニケーションの際に親が示す態度や行動の要因。具体的な行動の頻度や内容、一般的な態度として支配的か放任的か、あるいは拒否的か受容的か、一貫性や矛盾の有無など。
(5)養育者の教育的・文化的水準の要因	教育や教養の程度、教育観や子ども観などの信念体系など。
(6)家庭の社会経済的地位または社会階層的要因	養育者の就労の有無、職種、収入、居住条件、家庭が保有する耐久消費財の種類など
(7)家族構成と家族関係の要因	核家族か多世代同居か、きょうだい数、出生順位、夫婦間や親子、嫁姑などの家族間の役割分担や人間関係のあり方、勢力関係など
(8)友人集団と友人関係の要因	発達段階ごとの友人関係や、友人集団における地位や勢力関係など。異性関係要因も含まれる。
(9)学校に関連する要因	学校の制度的要因、教育方法と内容、教員の資質や子どもとの関係性、学級集団のあり方、学校内での友人関係など。
(10)職業の要因（青年期以降）	勤務先、職種、収入、職場での地位や人間関係など。アルバイトを含む。
(11)居住地域の要因	都市部か郊外・村落地域か、僻地（離島など）か、商工業地区か住宅地区か、新興地域か伝統的地域かなど。
(12)所属集団に共通なマクロな社会文化的要因	言語、宗教、マスメディア、法律、社会制度、教育制度など。様々なステレオタイプ的価値観も含まれる。
(13)自然環境要因	地理的要因、気候的要因、ダイオキシンなどの環境汚染物質にさらされているかどうかなど。

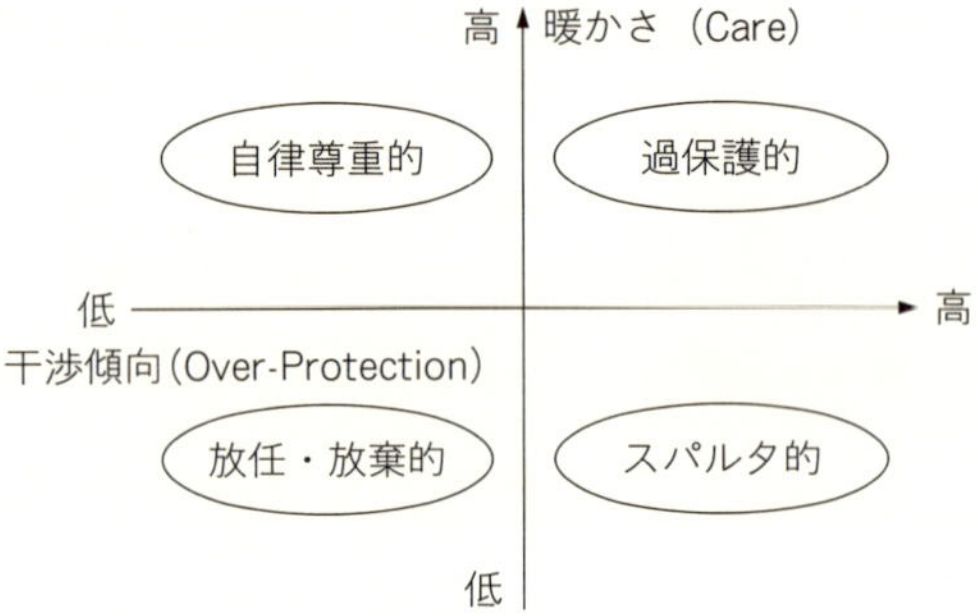

図 23　親の養育態度の構造

(Parker 1978)。しかし、子どものパーソナリティそのものに対する影響については、認められなかったり研究間で一致しなかったりすることが多く（Rhiengold & Eckerman 1973)、「このタイプの養育態度は子どもをこういう性格にする」といった特定の関係性を見つけだすことはできなかったのである。こうした親の養育態度をはじめとする養育要因の効果に関する膨大な研究をまとめたマッコビィらは、家庭の物理的環境や親の養育要因は実はほとんど子どものパーソナリティの発達に対して影響力を持たないか、あるいは個々の子どもによって影響の仕方が大きく異なるかの二つの可能性があると結論付けている(Maccoby & Martin 1983, Harriws 1995)。

「こう育てれば子どもはこうなる」。「こんな家庭に育つとこんな子どもになる」——子どもの個性の発達にはそういった単純な法則は成り立たないのではないか、というのがこれまでの発達心理学的研究の結論なのである。この結論は、同じ家庭で育つふたごのきょうだいのパーソナリティ形成に共通の効果をもたらす共有環境要因の影響がほとんどみられないことを明らかにしている多くの人間行動遺伝学的研究（第8章参照）の結果と一致する。親の養育態度やしつけに関する信念といった養育要因であれ、あるいは家に本が何冊あるかとか、どんなおもちゃがあるかといった家庭の様々な物理的要因であれ、どちらもふたごのきょうだいに共通した効果をもたらしてふたりの個性が似通っていく方向に作用することはほとんどないのである。そうではなくて、双生児のパーソナリティ形成に影響するのは、遺伝的要因とふたりに個別の影響を及ぼす非共有環境要因であり、家庭環境や親の養育要因が影響力を持つとすれば、それはひとりひとりに本当に異なるものとして供給されているか、あるいは同じものであっても子ども自身の認知の仕方やそこで感じる感情経験に違いがあって結果として個々の子どもに異なる影響を及ぼしているかのどちらかであることになる。

「やさしく抱きしめれば良い子に育つ」など巷にあふれる確信に満ちた子育てのハウ・ツー情報の氾濫からすると、意外な感じがするかもしれない。しかし実際には、親の養育要因の効果に関しては以下のような複雑な事情が絡んでいて、子どもの個性形成に対しての単純な法則を見つけることはそう簡単にはできないのである。

第一に、親子は遺伝的なつながりがある。親は子どもにとっての重要な環境要因であると同時に、遺伝子の提供者でもあるのだ。子どもがある個性を持った人に成長したとしても、それを100%親の養育方法や養育態度の結果に帰すことはできず、親ゆずりの遺伝子の発現部分も考慮しなければならない。

第二に、親の子どもに対する態度や養育の方法は、一方的に親が決定して供給するものとは限らず、子どもの個性に親が反応した結果であることもある。穏やかなお兄ちゃんには「この子は言わなくてもだいじょうぶ」、でもやんちゃな弟に対しては「私が厳しく言わなければこの子はだめになってしまう」などと、子どもの個性を考慮して自分の行動を変えることは親ならよく体験するところだ。この場合、親の養育行動は子どもの個性形成の原因ではなく、結果に過ぎなくなる。

さらに第三として、子どもは家庭の中で育つだけではなく、小さな頃から家庭外の環境の影響も受ける。児童期後半にもなると遊びを中心とした子どもも集団での活動が活発になり、子どもはここで多くの経験を積むようになる。自分のこのキャラクターで、いったいどのようにふるまえば集団での居

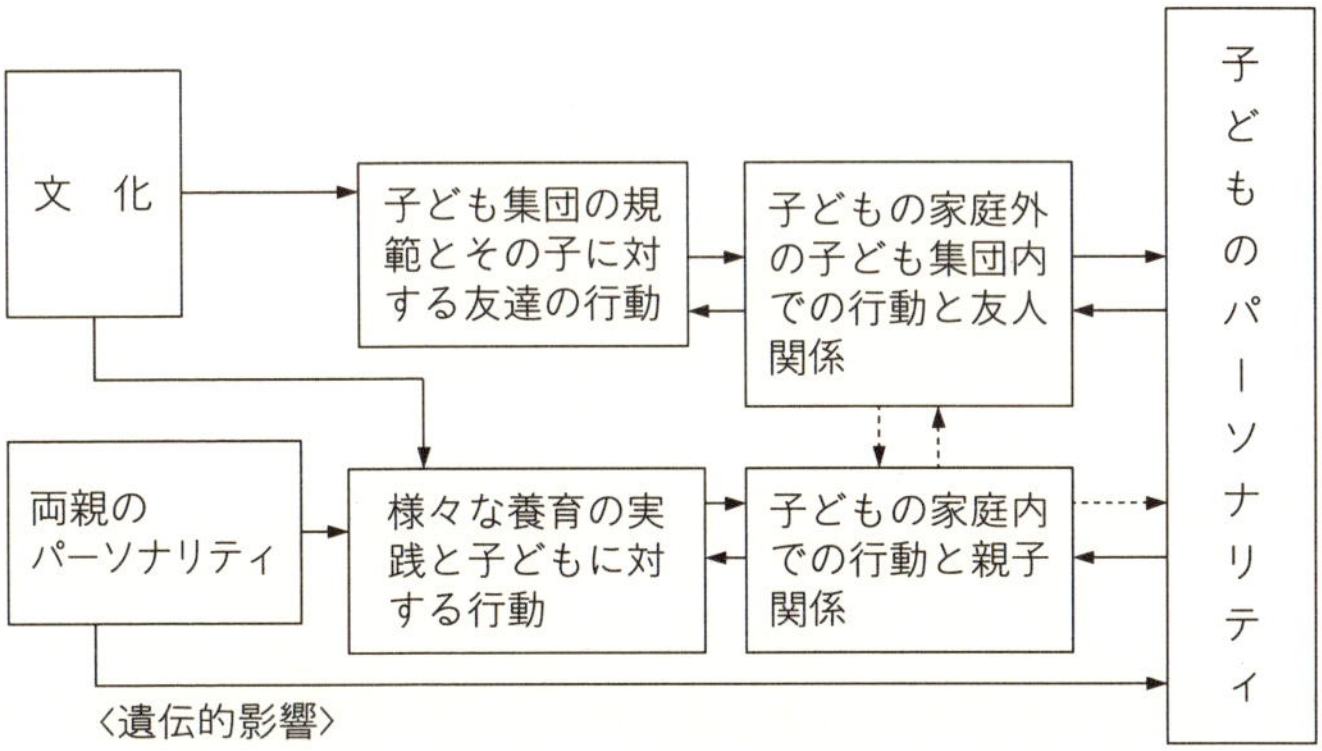

図24　子どものパーソナリティの発達に対する影響要因
GS 理論では、破線の矢印は影響がないものと仮定されている。(Harris 1995 を改変)

場所が確保できるのか、子どもは必死で自己制御を試行錯誤する。児童期・思春期を通じて繰り広げられる子ども集団での人生修業が、子どもの個性形成に大きな影響を及ぼすことが予想されるのだ（図24）。

ハリス（一九九五）はこうした子ども集団の効果を集団社会化理論（group socialization theory：ＧＳ理論）として定式化し、子どものパーソナリティ形成に対する長期的影響の大きさでいえば親要因以上の重要さを持つと主張している。ＧＳ理論を導出するに当たってハリスが準拠したのは、先にも触れた双生児を対象とした多くの人間行動遺伝学的な研究知見であった。同じ家に育ったふたごのきょうだいのパーソナリティに共通した効果を及ぼす共有環境要因の説明率はどの特性でもごく小さいことから、同じ家庭であることの共通要因の影響よりも家庭外の個別体験要因の影響が大きいと仮定しているのである。

しかし、筆者らが行った双生児の研究（第8章参照）では、同じ親に育てられている一卵性双生児の中にも親の自分に対する養育行動や態度の評定がきょうだい間で異なり、それに応じて親に対する信頼感の程度も異なっているペアが少なからずいた（酒井・菅原ほか 二〇〇三）。この事実は、家庭内にもふたりが個別に体験する環境要因、すなわち非環境要因が存在することを示すものであり、この点での親の影響はやはり無視することはできないであろう。また、第I部で見たような親の子どものパーソナリティに対するラベリング効果による行動変容の可能性や、親子関係の不調が子どもの精神疾患や問題行動の発現と関連することなど、これらの現象の中での親要因の役割も決して小さなものではない。子どもの個性形成に対する親の養育要因の効果をはっきりさせるためには、遺伝的要因の影響や子どもに誘発される部分を考慮しつつ、時間的な流れの中でどのような役回りを担っているのか明らかにしていく必要がある。また、子ども集団を中心とするような家庭外要因についても家庭内要因と同時に測定し、両者の相対的な影響力についても発達に沿って検討していかなければならない。いちだんと高度な研究方法論の工夫を凝らしながら、子どもの行動特性ごとに検討していくことが今後の課題であろう。

ＧＳ理論をめぐるハリスの主張は、「子どもの発達に親は無力だった」というまた極端なコピーで欧米のマスコミをにぎわし、日本でも『子育ての大誤解』という翻訳本が出版され話題になった。しかし、ここで中心的論拠になっている人間行動遺伝学的知見は、決して親の影響がないことを主張しているのではない。親は遺伝子と環境の提供者として誰よりも大きな役割を担っていることに変わりはない。しかし、親の「育て方」だけが一方的に子どもの個性を形成するわけではないし、万能薬のようにすべての子どもに同じ効果を与えるような「育て方」もない、ということに対する私たちの理解を喚起しているのである。自分たちの養育のあり方に対する親たちの「過信」や「過剰な罪悪感」を修正するには十分な根拠が示されてきているように思われるが、いかがであろうか。

親のパーソナリティ要因との関連

親要因の影響について、筆者らの縦断研究のデータをもとに具体的に考えてみよう。この研究は母親の妊娠中から開始され、生後一八年たった現在も継続中であるが、対象児が五〜六歳の時に、対人的な不安傾向についてのアンケートを実施した。第I部で見たように、子どもの見知らぬ他者に対する恐れは乳児期からその個人差がはっきりしていて、初対面の人でも平気で抱かれたりにこにこ自分から寄っていく子もいるし、お客さんの聞きなれない声が玄関から聞こえてきただけで警戒し、泣き出すような人見知りの激しい子もいる。乳児期からのこうした見知らぬ人とのコミュニケーションに対する不安傾向に加え、多くの見知らぬ人の前で何かするときのあがり傾向についても尋ねてみた。幼児期には発表会や運動会など大勢の人前でパフォーマンスをする機会も増える。あがってしまって、しどろもどろになってしまう子がいる一方、堂々としていて練習の時より上手に演技できる子もいて、ここにも大きな個人差が見られる。

対象となったのは縦断研究に登録されている対象者のうち、生後六年目の追跡調査が可能だった四八六名の五歳児とその両親で、表13のような幼児の対人不安傾向についての項目について母親に回答してもらった。また、両親に対してもパーソナリティ検査を実施し、父親・母親自身の対人的行動傾向について測定をおこなった。

表 13 幼児の対人不安傾向尺度の因子構造（菅原、菅原、1998）(N＝468)

項　目	Factor I コミュニケーション不安	Factor II 聴衆不安
・見知らぬ大人に話しかけられると緊張したり不安そうになる	.86	−.04
・異性の大人に話しかけられると緊張したり不安そうになる	.85	−.12
・初対面の大人に話しかけられても、すぐニコニコとなじむ（−）	.82	.03
・初対面の子どもと一緒にいると緊張したり不安そうになる	.75	.10
・知らない子どもでも自分の方から話しかけてすぐ仲良くなる（−）	.61	.16
・お遊戯会や発表会ではあがってしまい、ふだん通りできない	−.06	.89
・お遊戯会や発表会では堂々としており、ふだん以上の演技ができる（−）	−.17	.84
・運動会では、あがってしまって実力が発揮できない	.08	.68
・カメラやビデオを向けられると喜んでポーズをとったり、すまして「いいお顔」をする（−）	.01	.58
・カメラやビデオを向けられると、恥ずかしがったり逃げたりする。	.14	.55
・大勢の前で話すとき、どもったりしゃべれなくなったりする	.23	.47
寄与率（%）	40.2	15.6

（−）は逆転項目を表す

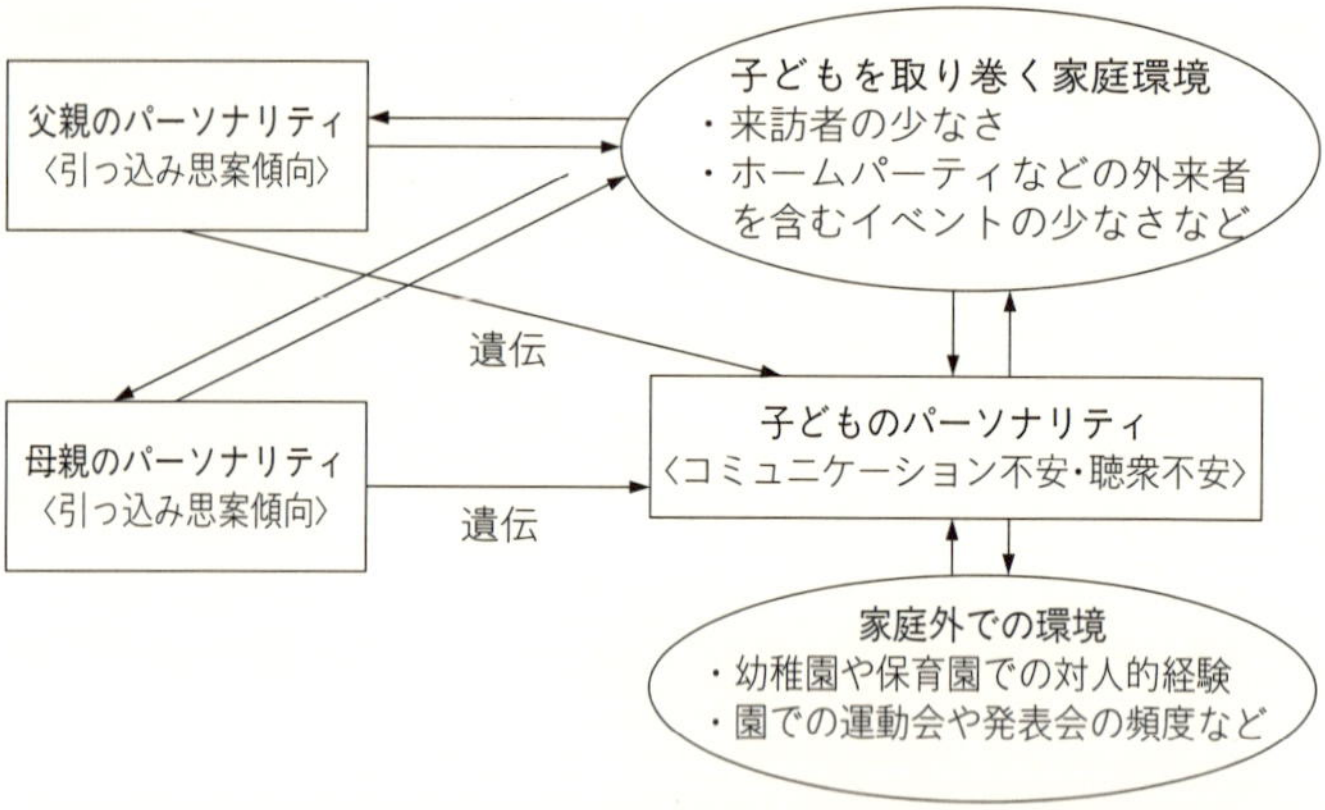

図 25　子どもの対人的な不安傾向に影響が予想される家庭内外の要因

結果は、親自身が初対面の人やパーティが苦手だったり交際範囲が狭かったりといった内向傾向が強い家庭の子どもは、コミュニケーション不安の得点も聴衆不安得点も高く、いわゆる引っ込み思案な傾向がより強いことが示された。さらに、①父親も母親もそろって内向的、②母親だけが内向的、③父親だけが内向的、④両親とも内向的ではない家庭の四つのグループで子どもの得点をくらべてみると、予想どおり、最も引っ込み思案の程度が強かったのは①の両親そろって内向的な家庭だった。①のグループでは、両親からの遺伝的伝達も片親だけが内向的な家庭の二倍であるし、家庭環境的にも両親の特徴が色濃くなるだろう。他人の出入りの少ない静かな家庭で、家庭内で子どもが見知らぬ人とコミュニケーションする機会もあまりないのかもしれない。

　また、データをもう少し詳しく分析してみたところ、母親のパーソナリティの影響力の方がより強いものであることがわかった。先の四つの家庭グループ比較でも、両親そろって内向的な家庭に次いで子どもの不安得点が高かったのは、母親が内向的な家庭であった。「父親不在」といわれるような現在の日本の家庭状況では、家庭環境の設定は母親に任されていることが多いだろうし、母子だけで過ごす時間も長いので親行動のモデリング（模倣）も母親がモデルとなりやすいなど、環境要因的な影響力は、やはり母親の方が大きいのかもしれない。

繰り返すが、子どもの個性は親によって一方的にかたち作られるものではない。自分と配偶者の遺伝子にルーツはあるものの、それらとはたくさんの相違点を持つ子ども自身の遺伝子情報と子どもが主体的に体験する家庭内外での生活とが、長い時間をかけて子どもの個性を形成する。親ができることは、そのプロセスを見守ることと、子どもが育つ生活環境をしっかりと整備し必要な教育を与えること、そして子どもがその個性とミスマッチな環境に置かれて不適応的な状態に陥っていないか目配りすることであろう。次の第III部では、こうした親の役割を含めて子どもの個性と社会適応との関係について見ていこう。

〈10〉個性の自己形成過程

◎個性の自己認知

自分の個性を認識し制御しようとする行為は、やはり高次の精神機能を総動員する必要があり、長い発達のプロセスが必要になる。心理学の十八番ともいうべきテーマであるが、一九七〇年代以降、自己認知や自己意識、自己表出などといった概念で膨大な研究が蓄積されてきている（Lewis & Brooks-Gunn 1979、斉藤・菅原 一九九八など）。ここではごく手短に見てみよう。

「自分」についての認識には二種類あるといわれている。一つは、「自分は女性で、日本人で、背が低くて、子どもがいて、気が弱くて……」というような、「自分は〜である」という自己概念である。自分についての自己定義といえよう。もう一つはもっと根源的な認識で、「自分」という主体そのものを認識することであり、存在論的自己（意識）という難しい名前がつけられている。鏡に映った自分を「自分である」と実感できたり、私や僕といった一人称でものを考えたりしゃべったりできることを指す。そんなの当たり前ではないか、と思われる方もあろうかと思うが、実はこれも発達によって獲得される高度な認識なのである。存在論的自己の発達を示す実験を紹介しよう。

「鏡に映った姿を自分だとわかるか」ということを検証する一連の実験では、まず最初に系統発生的視点から実施された。ギャラップ（Gallup 1970）は、野生のチンパンジーのオリの中に鏡を置いてみた。水に映った自分の姿は野生生活の中でもしかしたら見たことはあるかもしれないが、人間のように鏡の文化を持たない彼らは、最初は鏡に映ったチンパンジーを他人（サル？）だと思って威嚇したり発声したという。それが三日目くらいになると、他人としての攻撃的な行動は減少した。そのかわり、驚くことに鏡をつかわなければ見えない部分の毛づくろいをしたり、歯にはさまった食べ物を鏡で見ながら取るなど、私たちと同じように鏡を使う行動が増加したのである。次の実験では、この同じサルの眉間にルージュ（紅）を付けて鏡を見せた。すると、鏡に映った姿を「自分」だと認識して、自分の眉間についているルージュに触れることができたのである。この実験をもう少し下等なアカゲザルやカニクイザルでやってみても、自分の顔に触れる行動は出ないし、時間が経っても他人（サル）に対する行動しか出現しなかった。類人猿以外の動物は鏡を見せても他個体に対する攻撃行動などしか生じないことが知られており、鏡映像の自己認知ができるのはオランウータンとチンパンジーだけなのだそうだ。これらの動物実験の結果は、自己認知を可能にするような大脳神経システムの機能が進化の過程のどこかで発生してきたことを示唆するものと考えられよう。

人間についてはどうだろうか。ルイスら（Lewis 1979）は、同じルージュ課題を用いて二歳までの乳児を対象に実験してみた。今度は眉間ではなく、鼻の頭に気づかれないように頬紅をつける。紅い鼻の赤ちゃんたち、ということになろう。結果は、生後一年以内の乳児たちはアカケザルたちと同じように自分の鼻に触れることはなかった。生後一歳半くらいから徐々に鼻に触れる乳児が増えていき、二歳になるとほとんどが自分の鼻についたルージュをふきとろうとしたという。一歳から二歳頃までにゆっくりと鏡像に関する自己認知が発達する、といえよう。こうした自己認知は老人性痴呆などの脳障害になると再び崩壊し、鏡に映った自分にあたかも友人にするように話しかけたり、私や僕などの一人称が使えなくなったりする。自分がやった言動なのに、そうとは思えなくなったり、他人にやらされていると被害妄想的に感じたりすることもある。私たちにとって空気のように当たり前になっている「自分」という意識も、実は系統発生的・個体発生的に発達してきた、とても高度な大脳神経システムの働きによってもたらされているものなのである。

「自分」の個性を知る方法

では、私たちはどのように自分の個性を知るのだろうか。先ほどの分類でいえば、自己概念の形成に相当するところである。発達的に見ると、二歳頃までには自分の性別や年齢に関する素朴な自己概念はすでに獲得しているという。シェーネマンによるとその後、次のような三つの手段によって自分の個性についての情報を増やしていくといわれている（Schoeneman 1981）。

①　自己観察——自分の行動や感情、およびそれが生じた状況を自己観察することによって自分を知る方法。「自分は筆箱を忘れた友達に鉛筆を貸してあげたから、優しい子だ」「こんなに人使いの荒い上司にも文句を言わないなんて、自分は相当に我慢強い人間だと思う」というように、自分の行為について状況を考慮しながら解釈していく。自己知覚とか、客体的自覚過程

などという難しい用語が当てられることもある。

②　他者によるフィードバック――「あなたはまめな人だ」とか、「あんなことを言うなんて君は冷たい人だね」などと、他者が直接的・間接的に自分を評価した言葉や行動によって認識する方法。

③　社会的比較（他者比較）――「あいつに比べるとおれは仕事が遅い」など、自分の行動や意見を他者と比較することによって自分を知る方法。

シェーネマンがアメリカの大学生を対象としてこの三つの方法のうちどれがよく使われているか調査したところ、七割が自己観察、二割弱が他者からのフィードバック、そして残り一割程度が社会的比較によるものだったという。まさに「自分を見つめる」ことが個性を知る最も有力な手段だといえよう。自己を対象化して考えられるようになるまでには長期間にわたる思考の発達が必要であり、抽象的な思考が本格化する一〇歳頃以降まで待たなくてはならない。この頃以降になると「愛とは何か、正義とは？」といったような抽象概念について子どもなりに定義したり考えたりすることが可能になってくる。その一環として、「自分とはどんな特徴を持つ人間なんだろう」といった問題意識も芽生え、シェーネマンが整理している①自己観察や③の社会的比較といった高度な自己洞察的方法を経て自分の個体を概念化できるようになってくるのである。そこに至る前の自己洞察力のまだ乏しい幼少期では、褒められたり叱られたりといった養育者からのフィードバックが、小さな子どもなりに自分の個性を認識する際の主力となる。「○○ちゃんはおとなしい子だね」と信頼する養育者から言われれば、「自分はおとなしい子なんだ」と素直に受け止めることになろう。その意味で、親が子どもの個性をどう評価しどう伝えているかは、やはり大きな意味を持つことになる。

◎行動の自己制御のプロセス

図26に行動変容に関する自己制御の仮説的プロセスを示してみた。個々の具体的言動表出に対して、セルフ・チェックのプロセスがあると仮定する。現実にはほとんどの行動は無意識のうちに自己審査に「パス」していて、とくに問題にならない。しかし、対人的場面での失敗などのような、審査基準に大きく抵触するようなできごと（イベンツ）があると、このプロセスは強く意識されるようになり、意識的な行動変容の計画・実施がおこなわれる。きっかけはネガティブなイベンツに限らない。ノーベル賞を取ってしまって

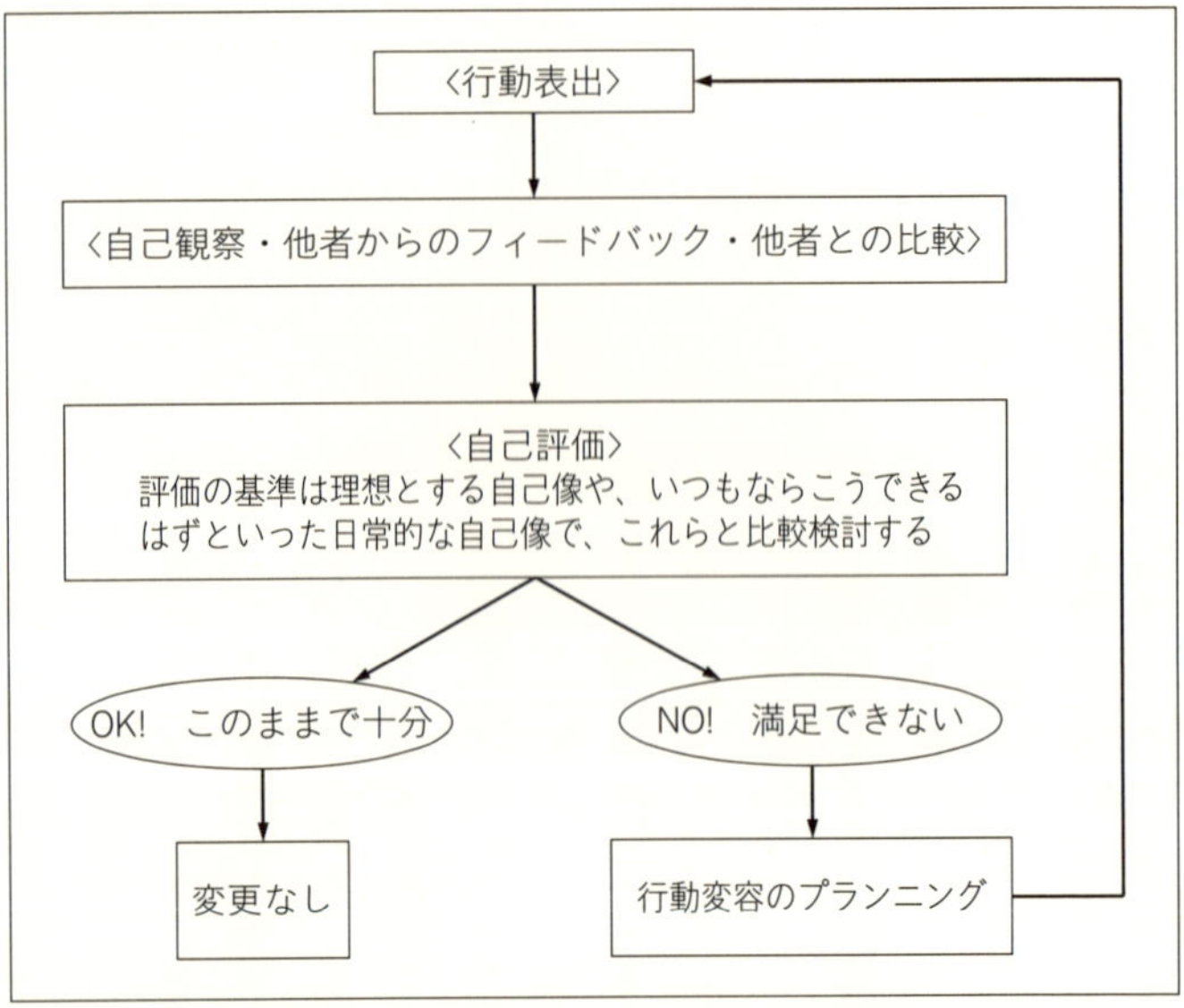

図 26　個性の自己制御プロセスの仮説図

世間から大きく注目されるようになったり、人に言動を賞賛されたりといったポジティブなできごとも、これを新たな自己像として取り入れるかどうかで行動変容ループへの注意が活性化することになるだろう。もちろん、もととなる行動表出は今まで見てきたように遺伝子情報（ジェノタイプ）と環境要因との相互作用によって発現する表現型（フェノタイプ）としての行動特徴である。この行動特徴を現実の日常場面で表出した結果を、私たちの意識が自己イメージとして大脳神経系に再びインプットし、さらにこれを解釈したり評価したりして、この行動特徴を変更するかどうか意志決定するわけである。

自己意識を持ったことによって、人間とは何と複雑な処理過程を個性の発達メカニズムに付け加えたことか、と感嘆してしまうが、ここにこそ人間独自の特徴があるといえるだろう。私たちは一生懸命、少しでも自分の人生を豊かにするために自分の個性を操作しようと努力する。これは個としての適応戦略にほかならない。こうした意識的個性化のプロセスが、種全体としての適応や生物の進化そのものにどのように関わってくるかはとても大きなテーマであり、今後、進化心理学などで取り上げられることを期待したい。

◎ソシオ・キャラクター——集団の中で割り振られる「役どころ」

あるオフィスに勤めるOLの報告をもとにした次の文章を見ていただこう。

「彼女は明るい性格で、オフィスでも職場のサークルでもいつも活発におしゃべりしたり楽しいジョークを飛ばし、彼女がいるとその場は明るく盛り上がることが多かった。周囲の人々は彼女の楽しいおしゃべりや気のきいた冗談を心待ちにしているふうでもあったという。ところが、あるとき、好意をもっていた男性にふられてしまい、その日はどうしても落ち込んで人と話す気にはなれなかった。しかし、事情を知らない周囲の反応はいくぶん敵意を含んだものだった。『今日はいったいどうしたっていうんだ。いつもの君らしくないじゃないか。』みんなから口々にそういわれると、そのつどなんとか作り笑いを浮かべてごまかさねばならなかった。」

彼女のふだんの明るい振る舞いはオフィスの活性化やみんなの気分転換にとって大切な役目を果たしているし、職場やサークルのムードメーカーとして欠かすことのできない役どころを担ってきた。私たちは家族やクラス、職場などの所属集団の中でそれなりのこうした「役どころ」を割り振られている。どんな役が振られるかは、もちろん当人の個性がベースになることが多いが、場合によっては集団側の要請から個性にあわない役目を引き受けざるを得ないこともある。引っ込み思案で、できれば人の後ろに隠れていたいタイプなのに、年功序列や回り持ちの都合からリーダーや幹事をまかされてしまい、「リーダーらしい」振る舞いをみんなから期待され、演じざるを得なくなることもある。

こうした集団の中で期待される個性を、ソシオ・キャラクター（社会的性格）という。実際の個性とぴったり合う時には「はまり役」として本人の集団適応にも良い影響を及ぼすだろうが、無理をしなくては演じきれない時には、大きなストレスとなることもある。家族の中でも「しっかりものの長男役」や「いつまでもかわいい末っ子役」など典型的に期待される役どころもあるだろう。たとえば玖保キリコの漫画「シニカル・ヒステリー・アワー」に出てくる学級委員のシーちゃんはいつもしっかりしていて、どんな時もみんなに行動指針を与えてくれる頼りになる存在である。ある時、先生が急に学校に来られなくなって、クラスのみんなはパニック状態になる。どうしたらいいかわからないのはシーちゃんだって同じなのに、みんなはシーちゃんなら、どうにかしてくれると思って問い合わせに殺到する。困惑しきったシーちゃんはついに泣き出してしまうが、「パニックになって泣き出す」ような行動パターンはシーちゃんに期待する「頼りになるリーダー」役の行動目録には入ってないし、このパニックを切り抜けるためにも認めることができない行動である。思いっきりデリカシーのない主人公のツネコが「目にゴミでも入ったの？」と尋ねると、シーちゃんも事態を悟って「そうなの。やだー泣いているみたい私」とこのクラス集団で割り振られたリーダー役を続けることにし、みんなもほっとする。

こうしたソシオ・キャラクターへの同調も、個性の安定化や変化に影響することが予想される。集団の期待どおりに行動することができれば当該集団での居場所が確保できる。反対に、期待を裏切ってしまうとクレームの圧力がかかり、集団内での地位や居場所の確保が危うくなる。これは人間の集団生活にとって大きな意味を持つことであり、集団内で安定的に生きていくために強力な行動の自己制御がおこなわれるはずだからである。こうしたグループ・ダイナミズムの中での個性の変容の問題も興味深いテーマであるといえよう。

以上のように、第II部では個性形成に関わる要因として、遺伝子、環境、そして自らの個性を認識するところに生じてくる自己制御の問題を見てきた。私たちの個性は、有史以来の地球上のあらゆる生物と共通部分を持つDNAと、今を生きているたくさんの人々によって提供される大小網の目のような環境要因のネットワーク、そして自分自身の主体的な意識という遠大な広がりの、しかも互いに有機的に結び付いている多くの要因によって形成されていく。歴史の前にも後にもただ一つの個性であることも間違いなく、そう考えるとひとりひとりの個性は掛け値なしにかけがえのない大切さを持つように思えてくる。個性の尊重、という言葉の背景には実はこれだけの個性そのものの重さがあることを、うまくお伝えすることができただろうか。続く第Ⅲ部では個性と社会的適応の問題について、児童・思春期の諸問題を中心に見ていきたいと思う。

III

子どもの個性と社会適応

〈11〉子どもの個性と社会適応
——子どもの個性が社会とうまく折り合えない時

◎個性をめぐる価値の問題

第II部では、子どもそのものを発生させ発達させる遺伝子情報と子どもの置かれた環境要因との相互作用の中で個性が形成され、やがて成長するとそこに自分の個性を意識し自己制御する過程も関わってくることを見てきた。第III部では、こうした子どもの個性と社会集団との関わりについて、子どもの社会適応という観点から考えていきたいと思う。

個性と社会との関わりを考えていくに当たって、まず最初に確認しておきたいのは、第I部の第4章でも少し述べたように、個性そのものに対しては「良い個性」とか「悪い性格」、あるいは「ダメなキャラクター」といったような絶対的な価値づけは一面的な見方にすぎなくて、どんな個性もメリットとデメリットの両面を持っている、ということである。

この数年マスコミを賑わしてきた青少年の「キレやすさ」についても、ベースになっている攻撃性自体は人類の自然環境への適応や歴史の中でそれなりの重要な役割を果たしてきた。狩猟社会だったら、大型の野生動物に立ち向かう時にも恐れをしらぬ大胆な狩人は「勇敢な者」として高く評価されただろうし、戦乱の世の中では猛々しく人をたくさん斬ることができて「英雄」と称された攻撃的な人もたくさんいるだろう。現代だって、たとえば子どもだけで野原で遊んでいる時に野犬が襲ってきたとしたら、攻撃的な子どもは野犬を追い払ってみんなを救うこともできるかもしれない。怒りの衝動が激しくてそれをストレートに表現できるというのは、怒るべきときにも涙をのんでしまうような気弱な人間から見ればうらやましく、輝かしく見えることだってある。

しかし、もちろん表現の仕方によっては相手を傷つけたり犯罪につながったりといった取り返しのつかない結果を生んでしまうことも攻撃性の低い人よりも多くなりがちで、これは今の日本のような平和な社会では大きなデメリットとして考えられてもしかたがないだろう。反対に、やさしくて言うことをなんでも素直に聞く、親から見ればパーフェクトな「良い子」だって、その従順さゆえに人にだまされたり、学校で「ノー」と言えずに使い走りのようなみじめな役割を振られたり、状況によってはその素直さが「凶」と出ることもあるのだ。いじめの事件が表面化した時に「いじめられる側にも問題がある」などと、そのやさしさや素直さが悪かったかのように言われてしまうことさえある。

個性に対する評価はその個人が置かれた状況との「適合の良し悪し」(goodness of fitness)、つまり環境との相性に依存する相対的なものである。どんな個性であってもそれを「吉」と出すか「凶」と出すかは環境しだい、ということになろう。その意味では、個性そのものに対する価値づけはもっと許容範囲を広げるべきであり、結果だけから個性の良し悪しを言うのは片手落ちである。親や教師のように子どもの愛情と信頼の対象となっているような大人たちには、とくに、このことに早く気づいてほしいと思う。これまで見てきたように、子どもの個性は一卵性双生児以外には二つと同じ組成のものがないという完全オリジナルな遺伝子にルーツを持つ。そして、その年齢になるまでの様々な体験によってゆっくりと醸造されてきたものであり、自然と社会が作り出した一点ものの、かけがえのない作品である。ひとりひとりの個性の違いを愛でつつ、その個性が輝くにはどんな環境や教育が必要なのか、細やかに考えていくことが必要だろう。子どもが置かれている状況要因との絡みを考慮しないと、本当のその子の姿が見えてこない。そうした考察なしに自分の素朴な価値観や感情だけで子どもの個性を評価してしまうと、「こんなに良い子なんだからいつだってうまくやれるに違いない」と過剰な期待で子どもを圧迫してしまったり、「だめな子」のレッテルを貼って子どもとの関係を悪化させたりする。自分には欠点のように見えるけど、見方を変えると案外良い面なのかもしれない。状況や相手が変われば違うだろうし、もっとこの子の個性が生かされる環境がきっとあるのだろう。こんなふうに思う余裕を身近にいる大人たちが持ってくれたら、と思う。

●個性が不適応的な現れをする時

では、子どもの個性が環境とうまく折り合うことができずに問題行動や精神疾患などのような不適応的な現れ方をしてしまうのはどんな時なのだろうか。子どもの社会集団への適応という観点から考えてみよう。

社会適応と言う時、そこには適応の「良好さ」という概念が重要になってくる。人間は集団を作って生きる生物であり、個人は家庭という最小単位の集団から始まって地域、学校、職場、そして国家や国家の連合体に至るまで大小様々な集団に属して生活している。それぞれの所属集団の中で、自分の居場所がちゃんとあって集団内のメンバーともうまくやっているし、自分の存在価値を自他ともに認められるような活動をすることもできている。そうした時には個人は安定し、心身の健康も保たれる。しかし、反対にメンバーとトラブルが続いたり存在自体を排除される、あるいは所属集団に対して様々な不満があって自分から離脱したいと思うような時や、集団内で思うように活動することができない時には大きな心理的葛藤やストレスを感じ、心身の健康も悪化していく。

人の行動や精神的状態について「異常」か「正常」か、逸脱しているかどうかを線引きすることはそもそもとても難しい。個性の場合と同様に、環境条件との絡みを考慮しないと定義することができないからである。例えば知的障害があったとしても、その人に合った支持的な環境の中では、生産的な仕事をすることもできるし充実した毎日を送ることもできる。この場合にはその人は適応良好な状態にあるし、他方でどんなにエリートで経済的にも恵まれていたとしても、重い抑うつで自殺することしか考えられないような状態であればそれは重度の不適応状態にあるといえる。そこで、筆者は、おおまかではあるが、行動特徴に関する不適応状態を次のように定義して治療的介入の目安にしたり研究に用いてきている――「当人もしくは当人が所属する集団が、その行動特徴のために困り、通常の活動を果たしえないという状況にまで達したときを機能不全（dysfunction）と呼び、治療や介入の対象とする」。ここで、機能不全という難しい言葉が使われているのは、「その人が本来持っている能力や個性がうまく発揮できていなくて、問題となってしまうような現れ方になっている状態」を意味している。また、「当人、もしくは当人の所属する集団」として二つの基準が設けられているのは、例えば低学年の注意欠陥多動傾向のように、その子の落ち着かない行動特徴のためにたびたび授業がストップして教師もクラスメートも困っているが、本人はあまり自覚がなくて楽しく学校に通えていることもあるし、一方、不合理な強迫的行動に本人はとても苦しんでいるけれど、周囲はあまり気づいていないこともあるからだ。したがって、不適応状態であるかどうかの判断には本人および周囲の人々の両方からの事情聴取が必要になる。双方の証言のどちらかに「機能不全」状態であることが認められれば、その人を不適応状態にあると判断していくことになる。

ある行動が機能不全状態に陥ってしまって「不適応的」であるかどうかのジャッジには、子どもの様々な行動特徴について環境側がどれだけ対応可能であるか、どの程度の許容範囲を設定できているかが大きく関わってくる。注意散漫で多動な子がクラスにいたとしても、複数担任制であれば当該の子どもにきめ細かく対応することができるし、クラス全体の授業進行への影響も出さないですむかもしれない。さらに、その教師たちが子どもの状態について専門的知識や療育的技術を持っていれば、親や医師などと連携して治療的関わりをすることもできるし、投薬管理を養護教諭が引き受けてくれるような学校であれば、治療中の子どもたちの学校生活もよりスムーズになる。そうしたきめ細かな対応が学校に用意されていれば、その子の学校生活は大きな破綻を来たすことなく続けることが可能になり、その子は学校では不適応状態にはないと判断することができる。

障害があることがイコール不適応ではなく、その子に合った環境でちゃんと日常生活をまわすことができ、発達に必要な教育を受けることもできていれば、それは適応範囲内にあると考えていく。子どもを環境に合わせるように教育していくこともちろん重要である。でも、それだけでなく、環境側を子どもの「個性的な行動」に寄り添わせることによって適応の良好さを向上させようという試みも、もっとなされてもよいのではないだろうか。こうした個別対応型の考え方は、「みんな同じ」を尊ぶ画一的で柔軟性を許容しがたい日本の教育システムの中では発展しにくいかもしれない。それでも、子どもの個性のタイプや不適応の種類ごとに、それぞれどのような教育的関わりや環境設定がより良い適応につながるのか丁寧にかつ具体的に研究されることが必要だし、そこにもとづいた教育プログラム作りが日本においても急がれなくてはならないだろう。

児童・思春期の不適応行動の種類

子どもの不適応行動には多くの種類があり、ベースとなる個性の多彩さと関連する環境要因の複雑さを反映している。本書でそれらを詳述する余裕はないが、興味のある方は巻末の参考書をぜひご覧いただきたい。子どもの問題行動や精神疾患に大きな社会的関心が持たれて久しいが、それらの分類や診断、発現メカニズムに関する研究が本格化したのは一九八〇年代後半からであり、意外にその歴史は浅い（Bird 1996、菅原 一九九八、Schafer 1996）。ここではごくおおまかなアウトラインを紹介しよう。

子どもの問題行動と精神症状の分類・診断に大きな貢献をした児童精神医

2大分類：

統制不全／外面化型
(undercontrolled/externalizing)

統制過剰／内面化型
(overcontrolled/internalizing)

代表的な下位カテゴリ：

＊注意欠陥・多動傾向→注意欠陥・多動性障害(attention-deficit/hyperactivity)(ADHD)
＊攻撃的・反社会的行動傾向(antisocial)→行為障害
＊過度の反抗傾向(oppositional defiant)→反抗挑戦性障害

＊過度の不安や心身症状→分離不安障害など
＊各種の恐怖傾向(phobia)→学校恐怖など
＊社会的引きこもり
＊抑うつ(depression)→うつ病

図27　子どもの問題行動と精神症状の種類
(下位カテゴリ名の後の→は対応する精神疾患名)

学者アッケンバッハら（Achenbach & Edekbrock, 1991）は、児童期から青年期までの問題行動を図27のように二つに大別している。

図に示したように、一つは「統制不全型あるいは外面化型」と呼ばれ、問題が他者に類を及ぼすかたちで結実していくタイプを指している。衝動の強さに合った年齢相応のコントロールができないので、子ども自身の特徴としては、注意散漫（いつも好奇心いっぱいで刺激入力が活発だが、それに対する注意のコントロールがうまくいかずに過度の目移りや落ち着きのなさとして行動化してしまう）や攻撃的・反社会的行為（喜怒哀楽が激しく衝動エネルギーが豊かだが、かっとすると押さえがきかずにキレてしまう）といった、周囲の大人や仲間たちにとってあまり歓迎できないような行動を多く示すことになる。一方、「統制過剰型あるいは内面化型」では、過度の不安や恐怖、抑うつなどのように、問題が子ども自身の内面に結実していく。子どもたちの元気のなさに親しい者たちは心配するが、表面上はおとなしく見えることが多いので集団の中で見過ごされがちになる。思春期以降の拒食や過食を症状とする摂食障害も統制過剰型に分類される。

図27には、代表的な下位カテゴリを示したが、それらが重症化した状態に対応する精神疾患カテゴリについても併記した。こうした子どもたちの重症化した問題行動や精神症状を精神疾患として概念化することには様々な議論があり、「疾患」や「障害」としてラベル貼りをすることへの危惧も確かにある。疾患告知のより適切な方法の検討や、ラベルを貼ることで子どもたちや家族の不利益が生じないようにするにはどうしたらよいか、といったデメリット克服のための努力がなされることが早急に必要であろう。こうした努力を前提とした上でのことではあるが、子どもの不適応行動に関する研究や治療、予防を発展させていくためには、やはり適切なカテゴリ化とそれにもとづく診断や評価方法の開発は不可欠のものであると筆者は考えている。さらに、子どもの状態にあった治療や教育、環境設定を用意するためにも、こうした疾患分類ラベルを前向きに活用できるような現場での捉え方や扱い方の工夫も大切なのではないだろうか。

◎子どもの不適応行動の発達

さて、子どもの不適応行動は一朝一夕に出現するものではない。中には図28に示した反社会的行動のように、乳幼児期からその萌芽的形態として現れる長いヒストリーを持つものもある。最初の頃は「衝動が強くてコントロールが弱い」という行動特徴のためにかんしゃくをおこすことが多かったりして、養育している親が「育てにくい」と感じて子育てストレスを高める程度であろう（昨今の厳しい子育て事情の中ではそれも十分機能不全状態といえるのかもしれないが）。しかし成長とともに子どもの社会が広がって、集団内での問題もはっきりしてくる。ここでいう問題行動（problem behaviors）とは、先に定義したように当人もしくは当人が所属する集団が困るような行動が繰り返し出現する状態を指している。そしてそれらが悪化して著しい機能不全状態（日常生活活動がふつうにはおこなえなくなっている状態）に陥った時には、児童・思春期の子どもの精神疾患として扱われることになる。また、青年期以降の著しい機能不全（社会適応度の低さ）を示す行動特徴については、人格障害という概念を当て、広義の精神疾患に含めて考えられている。

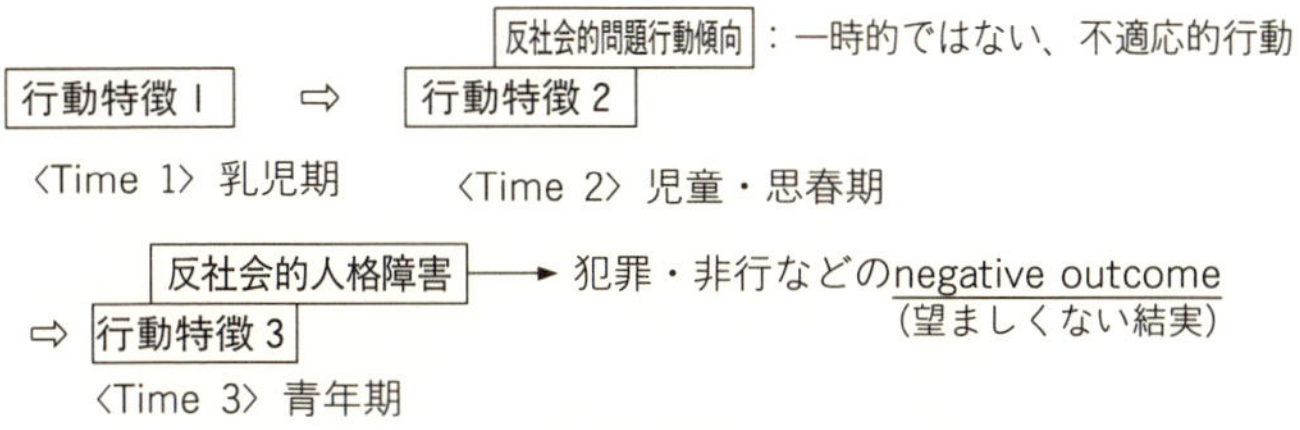

図 28　反社会的な不適応行動の発達

精神疾患を含めた不適応的な行動の発達は個体側要因と環境要因の双方が複雑に絡みあって進行する。例えば統制不全型の場合のように、個体側の行動特徴として衝動性の強さや自己統制性の弱さがある場合や、抑うつのように発病以前から一貫して悲観的な認知的傾向があるなど、個体側にも当該の疾患や問題に対する「脆弱性」（vulnerability）が存在する。そこに環境側から特定のストレスが負荷され、時間の流れに沿って悪循環した末に不適応的な問題が発達し、どこかの時点から特定の精神疾患や犯罪などの望ましくない結果として結実する、という枠で捉えていくのである。こうした考え方は「素因（個体側の特徴）―ストレス（環境側の負荷）仮説」と呼ばれ、最近の精神医学や臨床心理学領域でも大きな流れになってきている（ダビソンとニール　一九九四）。

　不適応的行動は子どもの個性と環境との相性が悪いことによって発現してくる。いったん発現してしまうと、ますます環境との折り合いが悪くなって子どもにも周囲にも大きなストレスがかかってしまい、子どもの状態の悪化とともに周囲の苦労も膨らんでいく、という悪循環に陥いる。発現の前にいかに予防的にアプローチできるか（一次的介入）、また発現してしまったとしてもいかに早い段階で適切な介入がおこなわれるか(二次的介入)が、悲劇的な結果を防ぐために決定的に重要になる。そのためにも問題や疾患カテゴリごとにそれぞれどんな発達プロセスがあるのか、そこで子ども自身の個性はどんな役割を担っているのか、発達初期から検討していくことが必要である。この点に関する筆者らの研究グループの試みについては、次章で少し紹介させていただきたいと思う。

◎カテゴリによって異なる関連要因

いじめや引きこもり、暴力行為から自殺に至るまで、子どもの問題行動の内容はきわめて多様である。にもかかわらず、私たちはしばしばこうした事件の背景について論じるとき、「子どもの問題は母子関係の歪みによって生じるのではないか」といったように、問題行動をひとくくりに考えてしまうことが多い。子どもに出現する精神疾患や問題行動に関する科学的な研究は前述のようにようやく活性化し始めたばかりではあるが、これまでの先行研究を眺めてみると、問題のカテゴリごとに関連要因も発達プロセスも異なっていることがよくわかる。

表 14 児童期における精神疾患の発生についての関連要因

疾患分類	両親の属性	〈妊娠中～18 カ月〉			〈5 歳時〉		〈8 歳時〉	
		収入	気質的特徴	親子関係	収入	親子関係	収入	親子関係
注意欠陥・多動性障害(N＝12)	両親とも低学歴	低い	ストレス耐性低い	—	—	否定的	—	否定的
行為障害および反抗・挑戦性障害(N＝11)	両親とも低学歴	低い	注意の集中性低い 反応強度強い	—	低い	否定的	低い	否定的
分離不安障害(N＝23)	父親低学歴 母親若年	低い	反応強度強い	—	低い	—	低い	—
過剰不安障害(N＝10)	—	—	—	否定的	—	—	—	—

(長期縦断研究から、菅原ほか 1997)

筆者らが実施している長期追跡研究の対象者のうち、八歳時点で注意欠陥多動性障害、行為障害および反抗挑戦性障害、分離不安障害、過剰不安障害の五つのカテゴリの精神疾患の基準にあてはまった子どもたちについて、非疾患該当群の子どもたちと様々な要因について比較してみたところ、表14のような違いが見出された。注意欠陥・多動性障害や行為障害などのような行動障害系の疾患群では、両親の学歴や家庭の収入、それに子ども自身の乳幼児期からの注意や情動の統制力の弱さが特徴的であり、最初は否定的ではなかった親子関係も幼児期以降難しいものになっていく様子が示されている。しかし、八歳時点で過剰不安障害の基準にあてはまったグループでは、親の学歴や収入という社会経済的変数には特徴がなく、乳幼児期における親子関係が否定的であったことが要因として関わっていた。もっと大きなサンプルを対象に組織的に検討していかなければ詳しいことはわからないが、少なくとも問題の種類によって関連する要因も発達のプロセスも異なることを裏付ける結果と見ることはできよう。

同じ風邪のように見えても、インフルエンザ・ウィルスによるものと寝冷えによるものとでは、処方される薬も違ってくる。子どもの不適応的行動の場合も同じで、例えばひとくちに「不登校」といっても、学校に対する恐怖反応（フォビア）が原因であるケースと、教師に対する極度の反抗傾向による登校拒否のケース、さらにはうつ病によって行きたくても気力や体力の減退によって登校できないケースとでは、問題解決の方策もそれぞれに合わせて工夫される必要がある。不登校や引きこもり、青少年犯罪といった問題の結実現象（outcome phenomenon）の背景には、多様な原因と発生メカニズムが存在し得る。不登校や引きこもりに至るにはどんなパターンやルートがあるのかを具体的に解明していくことによって、適切な予防策も見えてくるようになるのではないだろうか。

〈12〉問題行動の発達と親子関係との関連
——卵が先か、ニワトリが先か

◎青少年の犯罪と母親原因説

青少年が引き起こす痛ましい犯罪や事件が後を絶たない。どの子にも、第I部で見たような愛らしい赤ちゃん時代があったはずである。それがどうして一五年後、一八年後にはこうした痛ましい事件を引き起こすまでに至ってしまうのだろうか。親の育て方が悪い、いや学校教育のまずさだ——何が原因なのか様々な推測がなされているが、これまで最も重視されてきたのは、やはり母親の養育要因である。「母親の愛情不足がキレる子どもを育てた」、こうした言説は繰り返しメディアにも研究仮説にも登場する。しかしこれまで見てきたように、子どもの行動特徴は、一般に予想されるよりもはるかに複雑な要因が絡み合って発達していく。その発達図式は本書で繰り返し見てきた子どもの個人差要因を一方の主役とする環境との相互作用モデルであり、「母親の愛情不足」のような単独の原因だけで青少年の犯罪を説明することはできない。最近の発達心理学は、乳幼児期からの追跡調査から、こうしたキレる系の問題を含めた様々な子どもの問題行動や精神疾患の発達的起源を探ったり、どのようなメカニズムによって発達していくのかを少しずつ明らかにしていこうとしている。本章では、発達精神病理学（developmental psychopathology）と呼ばれるこの新しい領域での挑戦について概観し、後半で妊娠中から思春期に至るまで対象児童の追跡を継続している筆者らの長期縦断研究からこの母親原因説について検討した結果を見ていこう。

◎「キレる子どもたち」の問題

さて、近年の青少年の事件を受けて、子どもが「キレる」という表現を私たちはよく使うようになったが、具体的にはどのような状態を指しているのだろうか。「堪忍袋の緒が切れる」という言葉があるが、我慢が限界に達して攻撃的な言動を表出させてしまうことは、大人でも子どもでも日常的によくあることだ。心理学的にいえば、フラストレーションが昂じると人間はいらいらしてストレス状態に陥り、攻撃的な行動としてフラストレーションを表出することでストレスを解消しようとする。その意味では、子どもたちが癇癪を起こしたり、時にそれが乱暴で多少「あぶない」言動になったとしても、それ自体は特別なことではない。

しかし問題は、その程度と頻度、そして表出の仕方にある。人間は社会を作って生きる動物であり、お互いに安全に暮らしていくためには、他者を傷つけてはいけないし、共有物を破壊してはいけない、という基本的なルールが必要である。小さな頃から私たちはこのことを大人たちから教わったり子ども同士の遊びの中で学習していくが、このルールをうまく獲得できない、あるいはいけないとわかっていても、怒りの衝動が激しい割にそれを自己統制することがうまくできなくて不適切な表出をしてしまう子どもたちがいる。その子たちは、結果として、キレた時の行動の表出方法が、幼少時であれば金属のおもちゃで相手をぶってけがをさせてしまったり、中学生であれば机を蹴飛ばして相手を脅すなど、周囲の人間にとって危険で反社会的な形態になってしまうことがある。こうした行動が繰り返し特定の子どもに出現して周囲とのトラブルが表面化した時、これらは前章で見たように攻撃的・反社会的な問題行動と呼ばれ、さらに重症化した形態に対しては、広義の子どもの精神疾患である「行為障害」(conduct disorder)として概念化されることになる。こうした行為障害を含む攻撃的・反社会的問題行動と類似したものに反抗・挑戦的問題行動(重症化した状態は反抗挑戦性障害と呼ばれる)があり、注意の制御不良のために生じてくる注意欠陥・多動的問題行動も同じ行動障害系の「統制不全型」問題行動として大まかに一緒にくくられている。この三つのサブ・カテゴリの問題行動や精神疾患は重複率がとても高いことが知られており、併発にいたるプロセスや関連する脳内メカニズムなどの共通点や相違点については研究が活発におこなわれ始めているが、未だ不明な点も多い。

●「統制不全型」の問題行動の特徴

さて、こうした情動や注意への衝動統制に欠けるために生じてくる統制不全型の問題行動は、社会的規範の逸脱の程度が大きくなってしまった時には触法行為として深刻な結果を招く。欧米では、青少年の犯罪や非行に対する予防や早期介入の観点から、こうした統制不全型の問題行動がなぜ発達していってしまうのか、どうしたら克服できるかといった発達臨床的研究に多くの関心が寄せられてきた。アメリカ、ニュージーランド、フランス、ドイツ等で実施された先行研究から、重症化した形態である行為障害（他者への脅迫や身体的危害、強奪、窃盗、放火といった反社会的行為の反復的出現）の発生頻度は一般人口中で3％程度以上であることが知られており、この割合は筆者らが日本の子どもたちについて調査した結果とほぼ同じであった。地域的・文化的相違を超えて、その発生頻度は世界でかなり似通ったものといえる。

また、こうした統制不全型の問題行動は、その発達的起源を幼少期にまで遡ることができるケースが多いことも知られている。ロビンスたちはアメリカの様々な地域や人種にわたる四つの男性サンプル、総計一、五一四名を追跡研究した結果、成人期に反社会的な問題を起こした対象者の70％以上が、すでに子ども時代から強度の統制不全型の問題行動傾向を示していたと報告している。一方、児童期に統制不全型の問題行動傾向が強かった子どもたちのうち、大人になって反社会的行為を繰り返してしまうのは全体の約四～五割であり、残りの半数以上は大きな問題なく社会生活を送っていたという。子ども時代に存在したどんな要因が道を分けていってしまうのかを明らかにしていくことによって、成人期での適応の良さを向上させることが可能になるだろう。先のダニーディン縦断研究でも、関連遺伝子型を持っていることと親などから虐待を受けた経験の有無や程度との関連について分析したところ、虐待の経験がなければ青年期や成人期での適応はずっとよいことが示されている。親子は遺伝的なつながりを当然色濃く持っているから、攻撃的な親から攻撃性にかかわる遺伝子を譲り受け、暴力にさらされるような育ち方をする可能性もあると見るのが妥当で、ここでの非暴力的な養育のあり方が効力を持つとすれば、予防や介入に大きな希望が持てる。攻撃的・反社会的問題行動の世代間連鎖を断ち切るためには、できるだけ早期での家族全体に対する介入が効を奏することを示唆していると考えることができるのだ。こうした具体的で有意義な知見を蓄積していくことが今後の課題であろう。

●発達精神病理学の研究パラダイム

児童精神医学と発達心理学の学際的領域として、子どもの不適応行動の発達を本格的に解明しようとする発達精神病理学が成立したのは一九八〇年代以降である。スルーフとマイケル・ラター（Sroufe & Rutter 1984）、あるいはチケッティとコーエン（Chichetti & Cohen 1995）といった児童精神医学と発達心理学の気鋭の研究者たちがジョイントし、不適応行動の発達的起源や発達に伴う不適応行動の現れ方の変化、個体と環境との相互作用プロセスの中での様々な問題行動や精神疾患の発生と発達のメカニズムを解明することを目的とした研究領域を立ち上げた。図29に発達精神病理学の目的をまとめ

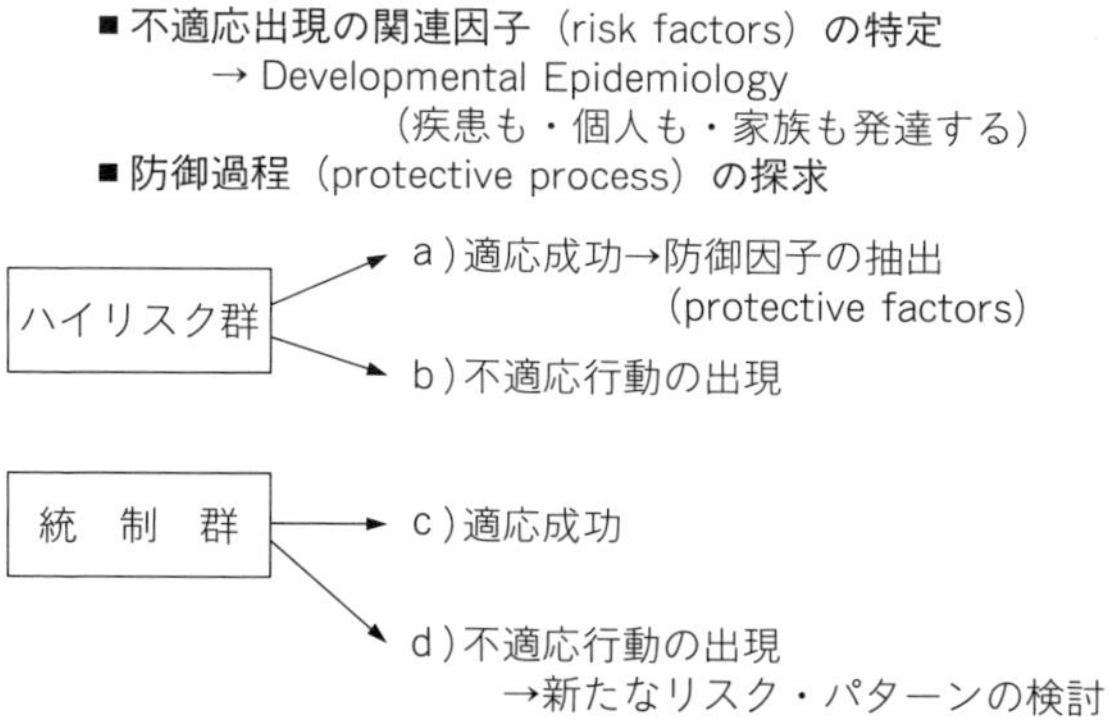

図 29　発達精神病理学の目的

たが、従来の精神医学や臨床心理学のように年齢分断的なアプローチではなく、誕生から死に至るまでの長いライフ・スパンを対象として発達変化を把握しようとしているところが最大の特徴といえよう。研究方法論としても、因果関係の同定を含むリアルな発達の過程を分析するために、同一サンプルを追跡する縦断的研究が主力となる。さらに、問題発生に至るにはどんなルートがありえるのかを知るために、できるだけ多くのサンプルを問題発生以前から追跡することも必要になる。

また、ここで一番重視している課題は、当該の問題行動や精神疾患の発現に関連する遺伝子型を持っていることや幼少時から衝動の統制不全を示すような行動特徴を示している、あるいは虐待を受けたことがあるなどの危険因子(risk factors、将来問題行動や精神疾患の発現の危険性を高めるような要因のこと)を持っていても、どんな条件があればそれが悪い結果として結実しないで済むかを明らかにすることである。問題回避に役立つ要因を「防御因子」(protective factors)、回避が起こる過程を「防御過程」(protective process)と呼び、四つのグループ――ハイリスク群(危険因子を持つグループ)で仮説通りに不適応行動が発現したグループ、ハイリスクにもかかわらず適応に成功したグループ(防御過程が存在する)、統制群(リスク群と人口統計学的変数などがマッチし、かつリスク要因を持っていない群)で適応に成功したグループと統制群にもかかわらず不適応行動が出現したグループ――を比較していくことになる。先行研究で報告されている各疾患や問題行動の頻度を考慮すると、たとえば子どものうつ病であれば2〜3％程度の発生率であり、うつ病に罹患したグループでさらにリスク要因の有無でグループ化するとすれば、一〇〇〇人の子どもを対象としてもうつ病を発症させる子は二〇から三〇、さらにそれを小グループに分けて一〇〜一五人程度ということになり、統計学的解析が可能なぎりぎりの人数、ということになってしまう。気が長い研究にならざるを得ないだけでなく、多大な労力とコストがかかるが、こうした発達精神病理学的視点を持つ研究は世界各国でその重要性が認識され、おおがかりな縦断的研究がスタートしつつある。イギリスでは二万人の子どもたちの追跡調査がミレニアム・プロジェクトとして始まっているし、アメリカでは二〇〇四年から、ナショナル・チャイルド・スタディ（National Child Study: NCS, 2002）として一〇万人という驚くべき大規模な追跡研究が始まろうとしている。数年のうちには、子どもの発達や不適応の出現と広範囲な環境要因との関連に関する重要な知見が続々と報告されてくるものと期待される。

どんな原因と発達のメカニズムが考えられているのか

さて、統制不全型の問題行動の原因としては、すでにこれまで多くの先行研究から様々な要因がリストアップされてきている。何か一つだけの要因の影響によってこの問題行動が出現するのではなく、多くの要因が時間の流れに沿って複雑に絡み合いながら発達していく、と見るのが最近の研究で一致した見方となってきている。環境要因だけでなく、子ども自身が持つ要因についても重視されるようになってきており、例えば、行為障害に関連する大脳生理学的要因としては、セロトニン機能不全や事故・虐待による脳損傷の存在が示唆されてきているし、子どもの幼少期からの行動特徴として反応強度の強さやストレスへの耐性の低さ、刺激欲求の強さなどがこの問題行動に関連することも明らかにされてきている。

双生児研究や家族歴（親や祖父母にも同様な問題行動傾向が認められるかどうかを調べるもの）の検討から、遺伝的要因の関連も無視できないことが示されている。筆者らの双生児を対象とした研究から、統制不全型の問題行動に対する遺伝的要因の説明率は約五割程度であることが示されているし（Sugawara *et al.* 2001）、先に見たダニーディン追跡研究の遺伝子研究（Caspi *et al.* 2002）では、セロトニンの機能を統制するモノアミン酸化酵素Aという脳内物質の活性に関する遺伝子上の個人特徴がこの疾患に関連することが示されている。

●生後一五年間の追跡研究から──母親要因との因果関係をめぐって

最初にふれたように青少年が凶悪な犯罪を引き起こすたびに、「親の育て方に問題があったのでは」という論評がマスコミを賑わす。とくに、母親の愛情不足や厳しすぎる養育態度などが槍玉に挙げられることが多い。研究レベルでも、「就学前における母親の不良な養育が発達早期の統制不全型の問題行動傾向を生み出し、それが児童期に至って友人関係や学業成績の不良さにつながり、思春期以降の非行行為に結実していく」という発達モデルも提唱されている。しかしよく考えてみると、このタイプの問題行動の発達的起源が乳幼児期にまで遡る場合もあるとすれば、子ども自身の問題傾向が先にあって、母親の愛着感の低下や厳しい養育態度はその結果として生じてきた可能性も論理的には成立する。こうした親要因との絡みを扱ったこれまでの研究は、子どもが児童期以降に開始されたものがほとんどなので、これらから「卵が先か、ニワトリが先か」をはっきりさせることはできなかった。

筆者らの長期縦断研究では、こうした母子関係要因と子どもの不適応行動の出現との関連についても重要なテーマとして分析を続けてきている。妊娠が確認された一三六〇名の母親がこの縦断研究に登録され、妊娠初期から一四歳に至るまで、計一二時点で繰り返し調査を実施してきた。首都圏の病院を舞台として開始された研究であったために年を追うごとに住所不明となる対象者が増えてしまい、生後一五年目（子どもの平均年齢は約一四歳）での調査が可能であったのは約二八〇家族であり、生後一一年目までだと三一三家族であった。幸いなことに、ドロップアウトしたグループと残っている対象者グループとでは、年齢・収入・親の学歴・子どもの性別割合といった人口統計学的な基本変数には大きな差がなく、当初のサンプル代表性は比較的良好に保たれている。

この縦断サンプルについて、生後六か月時から一四歳に至るまでに六時点(生後六か月・一八か月・五歳・八歳・一〇歳・一四歳)で子どもの統制不全型の問題行動傾向の測定を実施した。母親の子どもに対する愛着感や養育行動もいくつかの時点で測定してきているので、これらのデータを用いて上述の「ニワトリと卵」問題に関する解析を試みることにした。その結果が図30と図31である。

生後一一年目の時点で統制不全型の問題行動が多く出現したグループ(High 群)とほとんど出現しなかったグループ(Low 群)の二群について、母親の子どもに対する否定的感情の時間的推移を比較してみると(図30)、妊娠中から生後一か月目までは差が見られない。もともと母親の子どもに対する否定的感情が強かったから、子どもにこうした問題行動が出現した、という順序にはなっていないことがここから読み取れる。図31は、一四歳に至るまでの両者の関係の流れを表わしており、両者間に引かれた斜めの矢印が因果の方向(どちらが原因となっているか)を示している。五歳までは子ど

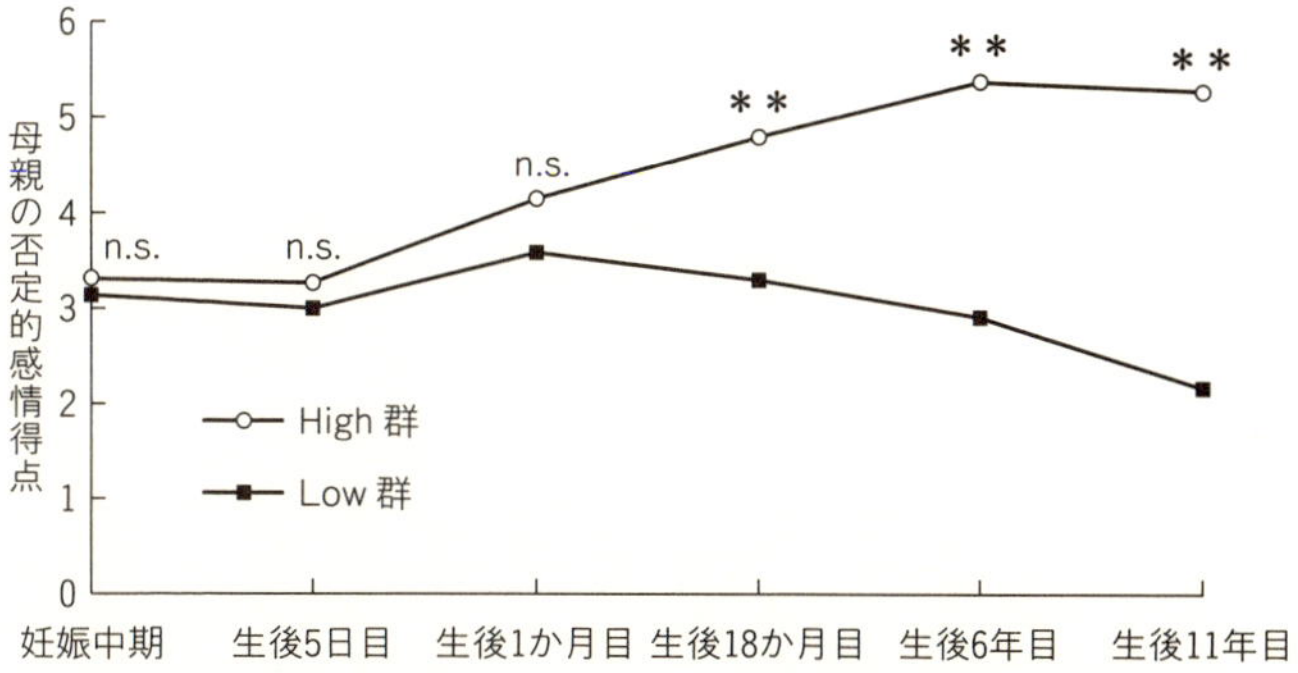

図 30　母親の子どもに対する否定的感情の縦断的変化
生後 11 年目に統制不全型の問題行動が多く出現した群（High 群）とほとんど出現しなかった群（Low 群）との比較。n. s.：有意差なし。**：p（統計的有意水準）< *0.01*　（菅原ほか 1999）

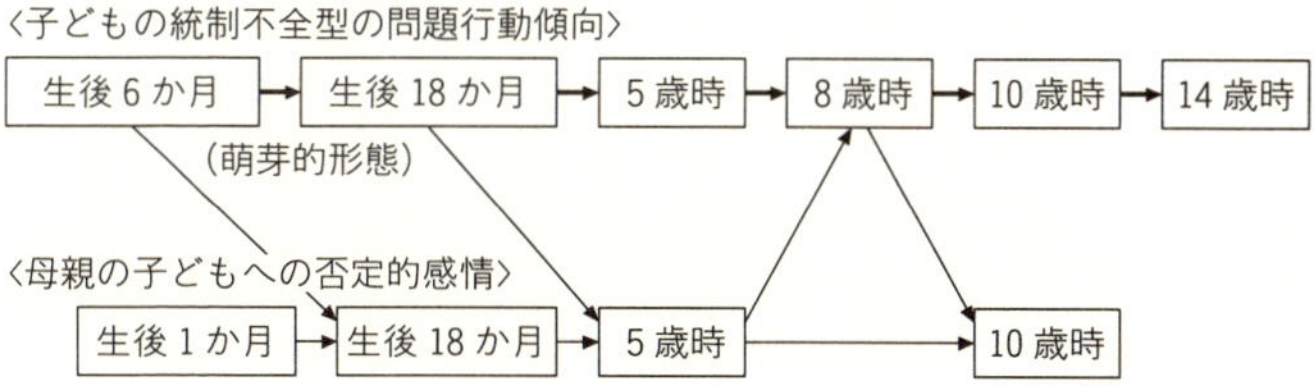

図 31　統制不全型の問題行動の発達プロセス
母親の子どもに対する否定的感情との時系列的関連。矢印は、パス解析の結果、統計学的に有意な水準に達した関連性を示している。
（菅原 2002）

も側から母親側へ斜めの矢印のみが確認され、五歳から八歳のところで初めて母親側から子どもへの斜めの矢印が出ている。母親の子どもに対する否定的な感情は、乳幼児期ではむしろ対象児の問題行動傾向に引きずられるかたちで深化していく様子が伺え、統制不全型問題行動の先行要因として親の子どもに対する愛着感の欠如を仮定している従来のモデルとは反対の因果関係が確認されたといえよう。

そして児童期に至ると、母親の否定的な愛着感は子どもの問題行動の発達に対してもついにネガティブな促進要因として働くようになり、両者の間に悪循環のパターンが出現している。母親の子どもに対する否定的な気持ちが、暖かさに欠ける養育行動となって直接的に子どもに影響するようになっていくと考えられる。しかし、思春期の問題行動傾向に対しては母親側からの矢印は確認されず、先行する子ども自身の問題傾向とのみ関連していた。思春期以降は親要因の影響力は相対的に弱まり、友人関係や学校要因など家庭外の要因の影響が顕著になってくるのかもしれない。いずれにしても、ここで見たように、子どもの問題行動と親要因との関係性は常識で想像するよりもはるかに複雑であり、子どもの発達段階に応じて丁寧に検討されなくてはならないものであるといえよう。

◉問題行動の発達を防ぐもの——防御因子について

では、どんな環境条件があれば子どもの問題行動の発達は防げるだろうか。それを具体的に明らかにしていくことが発達精神病理学研究の最終目標となる。私たちの縦断データについても防御因子に関する解析を試みているので、少し触れたいと思う。

乳児期に同じように平均値以上の統制不全型問題行動の萌芽的傾向を示していた対象児のうち、児童期に多くの問題行動を示した出現群と、成長後はこうした問題行動が見られなくなった非出現群の二つのグループについて、様々な要因に関する比較をおこなった。その結果、グループ間で違いが見られたのは、父親の子どもに対する養育態度の良好さと幼少期からの母親の父親に対する信頼感や愛情の程度であった。非出現群では、いずれの要因もより高いレベルにあったのである。統制不全型の問題行動の発達を防ぐためには、直接的に良好な父子関係を形成することが有効であると同時に、育てにくい子どもの子育てに奮闘する母親をサポートする父親の間接的な役割も大切であることを示唆する結果といえるのではないだろうか。児童・思春期に至って反抗的、攻撃的な問題行動傾向が顕著な子どもたちは、すでに乳幼児期からそうした行動傾向が出現している可能性も十分に考えられる。当初は決して子育てに対して否定的ではなかった母親も、適切な介入やサポートがなければ、時間とともに子どもに対する愛着感にも翳りがみられるようになり、子どもにとっての厳しい言動を通して子どもの問題行動を助長するようにもなっていく。こうした悪循環を防ぐためには、早期からの父親やその他の第三者によるサポート、さらに場合によっては教師や保健婦、カウンセラーなどの専門家の適切な介入が求められよう。難しい子どもを抱えている家族ほど、社会や行政の援助が重要であるといえるのではないだろうか。

●"大きな結果"を防ぐには

「衝動が強くそのコントロールはあまり上手ではない」という行動特徴は、それだけで重大な犯罪や非行行為に直結するものではない。たしかにこれまで見てきたように統制不全型の問題行動の背景にはこうした行動特徴が幼少期から見られることが多いが、それが問題として「結実」するまでには、環境の力がとても大きく影響することもまた見てきたとおりである。特定の環境要因と出会うことによって、ある場合(例えば幼い頃から長期間にわたる虐待を受けるなど)には強められ、磨かれていき、その上でその子どもが強いストレス状況に置かれた時(学校でいじめられたり仲間はずれになる、など)、犯罪や非行行為となって結実してしまう、といった流れを考えるのが妥当だと思われる。同じような行動特徴を有していたとしても、衝動コントロールの方法や社会的ルールを学ぶ機会を多く持てたり、温かい人間関係に恵まれて大きなストレスを体験することもなかったとしたら、変わらず「衝動が強くそのコントロールはあまり上手ではない」という行動特徴は残っていたとしても、大過なく社会生活を送ることは十分に可能になるであろう。

私たちはみな、それぞれ多様な個性を持っている。「衝動が強くそのコントロールが上手ではない」という個性を個人の社会的適応にとって「凶」と出さないためには、環境側の条件を整えていくことが重要である。子どもの不適応行動の発達を考えていくときには、子ども側を変えていく視点とともに、環境を動かしコントロールすることで乗り越えていけることが実はとてもたくさんあることを忘れてはいけないと思う。

〈13〉子どもの適応に影響する夫婦関係

◎家庭内のもう一つの関係性

家庭の中での子どもたちの発達や社会適応を考えていく上で、その土台としての家族関係の健やかさは欠くことができないものだろう。家庭の中には、親と子の関係だけでなく、きょうだい、祖父母など多様な対人関係が存在する。なかでも、子どもにとって最も重要な対象である父親と母親の関係は子どもの発達に大きく影響する。夫婦関係が子どもにどのような影響を与えるものなのかについて当然、たくさんの研究がなされていても不思議はないのだが、意外にもこのテーマはごく最近まで学術的に扱われることはほとんどなかった。その背景としては、夫婦関係そのものに関する心理学的研究自体があまり盛んではなかったことがある。恋愛や夫婦関係といった「愛」に関する科学的研究はやはり心理学でも長い間タブーであった。

しかし、年々増加の一途をたどる離婚率や熟年離婚、仮面夫婦、夫婦間暴力など、夫婦をめぐる問題は近年わが国でも大きな社会的関心を持たれるに至った。家庭の中での子どもたちの健やかな発達を考えていく上で、もはや夫婦関係の問題は避けて通ることのできないものである。「夫婦」という厚いカーテンを少しめくって、最近筆者のグループが進めている研究結果を紹介しながら、その実態や子どもへの影響について少し見てこう。

◎夫婦間の愛情関係とその変化

国立社会保障・人口問題研究所によると、一九九七年度の婚姻の九割以上は恋愛結婚の形態をとっていたことが報告されている。100％とまではいかないまでも、現代の大多数の結婚は、そのスタートには男女間の恋愛関係が存在しているといえよう。では、こうした結婚当初の恋愛感情（ロマンティック・ラブ）を中核とする夫婦の愛情関係は、年月とともにどのように変化していくのだろうか。子どもの成長とともにどのように両親間の関係が推移していくかは、その影響を考えていくときの基本情報となろう。

前述のとおり、夫婦関係に関する心理学的研究はまだ日本にはわずかしかない。そこで私たちはまず、夫婦間の愛情関係を測定する尺度の開発から研究を始め、欧米の恋愛や夫婦に関する研究を参考にしながら表15の「マリタル・ラブ尺度（夫婦間の愛情尺度）」を作成した。ここにあげられた項目を見ると、「相手を本当に愛していると実感する」「今でも恋人同士のようだ」

表15　マリタル・ラブ尺度の項目例

・妻（夫）といると、妻（夫）を本当に愛していることを実感する
・妻（夫）は魅力的な女性（男性）だと思う
・どんなことがあっても妻（夫）の味方でいたい
・妻（夫）とは今でも恋人同士のような気がする
・妻（夫）の考えや気持ちをいつもわかっていたい
・妻（夫）を一人の人間として深く尊敬している
・妻（夫）と私はお互いに出会うためにこの世に生まれてきたような気がする（他全15項目）

「相手は魅力的な異性だ」など、ロマンティック・ラブの感情を表現する項目がほとんどで、「年月とともに夫婦はお互いに空気のような存在になっていく」といった日本人が抱く夫婦像からすると少し違和感があるかもしれない。たとえば、漫画サザエさんのご両親の波平さんとフネさんの胸の内に「今でも私達は恋人同士」という気持ちがあろうとは、容易には想像できない。私たちもはじめは、日本の夫婦関係は結婚当初の情熱的な恋愛感情から、時間経過とともに静かな同志的な愛情に移行していくのではないか、と予想をたてていた。そこで「一緒にいて当たり前な気がする」「夫婦というより友達のような気がする」「思ったことをポンポン言い合える」といった、相手を「いなければ困るけどいても気にならない存在」として感じる「空気性」に関する項目を用意して予備調査を実施した。

二〇代の新婚カップルから七〇代のベテラン夫婦まで約一〇〇組を対象としたこの予備調査の結果を分析したところ（菅原・詫摩 一九九七）、当初の予想とは違い、「空気性」の項目群はすべて夫婦の愛情関係を測るには不十分な貢献度しか示せず、最終的に残ったのは表15にある恋愛感情を中心とする項目であった。「思ったことをポンポン言い合える」ような夫婦の中には、もちろん愛し合っているカップルもあるけれど、愛情が低下しているカップルの中にもポンポン言い合えている夫婦がかなりいて、結局この行動から夫婦間の愛情を予測することはできない、ということになろう。「淡白な日本の夫婦関係」という従来のイメージはこの結果を見る限りは妥当ではなく、日本の夫婦関係もやはりロマンティック・ラブがその中核的な位置を占めているといえそうな結果であった。波平さんもフネさんも幾つになっても男と女であり、お互いに対する変わらぬ恋愛感情があるからこそ穏やかな関係でいられるのかもしれない。日本の夫婦関係についての見方も、これまでの思い込みを少し変えていく必要があるといえよう。

では、こうした相手に対する愛情は、結婚年数の長さとどのような関連を持っているのだろうか。図32に結婚年数五年以下、六～一四年、一五年以上の三グループの愛情得点（マリタル・ラブ尺度の平均得点）を示したが、点線で表された夫の妻に対する愛情は、六～一四年のグループでいったん上昇して一五年以上のグループでも高い得点を維持していた。一方、実線で表され

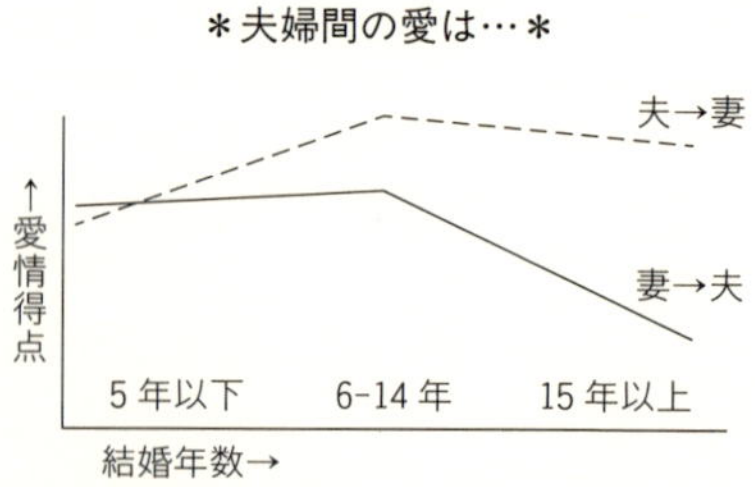

＊結婚時の愛情を100としたら…＊

	20代	30代	40代	50代～
夫	122.0	107.3	101.4	100.6
妻	106.6	98.1	93.8	88.0

（博報堂生活総合研究所、N＝1200世帯、1998）

図32　夫婦間の愛情の変化

た妻の夫に対する愛情は、一五年以上のグループで急降下している。結婚年数とともに妻の夫に対する愛情は冷めていく、といった夫にとっては少しショッキングな結果となってしまったが、一九九八年に実施された博報堂生活総合研究所の大規模な調査でも同様な結果が報告されており（図32下）、「夫の変わらぬ妻への愛情」—「低下する一方の妻の夫に対する愛情」という図式は現代の夫婦関係の一面を確かに物語っているのかもしれない。

●妻の愛情はなぜ冷めていくのか——一二年間の追跡調査から

では、いったい何が妻の夫に対する愛情を低下させてしまうのだろうか。夫婦関係の核心に迫る難しい問題だが、収集したデータの分析からその一端が少し見えてきている。私たちの研究グループでは、母親が対象児を妊娠した当初から研究を開始し、子どもが思春期に達するまで数年ごとに追跡調査を繰り返してきている。ここでは、児童期における調査結果を紹介しよう。

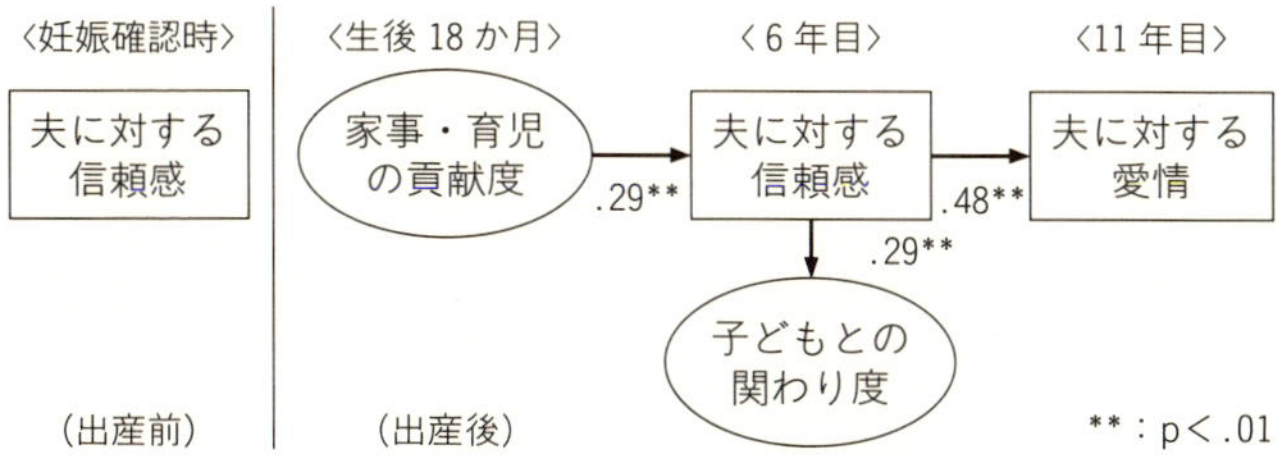

図 33　妻の夫への愛情に関係する要因
（母親の 11 年間の追跡データから、n＝286）

妊娠一二年後の調査時に、対象児童（約一〇歳）の両親（三一三組）に対して表15のマリタル・ラブ尺度への回答をお願いした。これらの夫婦の平均結婚年数は約一五年であったので、図32で見た結果と同様に、マリタル・ラブの得点には既に夫婦ではっきりと差があり、ここでも「夫高妻低」傾向が認められた。この時点での妻の夫に対する愛情得点にはどんな夫側の要因が関連するのか様々な分析を試みたが、その結果、対象児童が乳幼児期にあった時に夫がどれくらい妻の子育てをサポートできたか、ということがその後の妻の夫に対する愛情の強さに影響していることがわかった（図33）。

妊娠一二年後の夫に向けられる妻の愛情は、一二年後の夫の経済力でも在宅時間の長さでもなく、子どもが乳幼児だった頃の子育て協力や当時の夫婦の会話量によって影響を受け、そこで再形成された愛情の程度がその後持続する傾向が認められたのである。こうした夫に対する愛情の安定傾向はその後の妊娠後一六年目の調査でも変わらない、という結果を得ている。出産の前後でリセットされ、乳幼児期の子育て協力の程度に影響されつつ再形成された夫への愛情は、その後の一〇年以上安定する、というストーリーになろう。

このことを中年期以降急激に妻の夫に対する愛情が低下することを示す図とあわせて考えてみると、多くの夫は子育て初期にうまく妻をサポートしきれていないのではないかと推察できる。たしかに六歳未満の子どもを持つ日本の父親の育児参加時間は平日一〇分・休日一七分ときわめて短時間であり、諸外国の統計と比較しても子どもと過ごす時間の長さは最低レベルにあることが報告されている。父親がもう少しゆっくりと子育てに関わることが可能になるように、就労時間や休暇をめぐる社会制度の改善も急がれなくてはならないだろう。

不況やリストラの嵐の中、外で働くことも大変だが、慣れない子育てに奮闘するのも、強力なサポーターがいてくれなければ、やはりつらいものである。お互いに大変な時期だからこそ、相手の苦労を思いやってねぎらい合うことが大切なのではないだろうか。妻の側でも、早々と夫をあきらめてしまうのではなく、うまく自分の気持ちを伝えて夫と一緒にやっていくための工夫や努力が必要だろう。また、夫や周囲の人々のサポートがうまく機能しなくて母親のストレス感が昂じていくと、子どもを過度に叱ったりたたいたり、あるいは無視してしまうといった虐待的な養育行動が増加していくことも最近の研究が示している。大切な我が子のためにも、もう少しだけ夫婦がお互いに歩み寄ることができたら、と願わずにいられない。

●子どもの目から見た夫婦関係

こうした夫婦間の愛情関係を子どもはどのように見ているのだろうか。結論から言えば、やはり子どもはよく夫婦の関係をわかっている。子どもたちに対して「お父さんはお母さんが好きですか?」あるいは「お母さんはお父さんが好きですか?」とストレートに尋ねてみた。「はい」「少しはい」の肯定群と「いいえ」「少しいいえ」の否定群を比較したのが図34である。

「お父さんはお母さんが好きですか?」の正解は先のマリタル・ラブ尺度で測定された父親の母親に対する得点である。図の高い白抜きの棒グラフのとおり、「はい、うちのお父さんはお母さんが好きです」と肯定的に回答した子どもの父親たちはマリタル・ラブ尺度得点の平均点が八〇点近い高得点になった。一方、お父さんはお

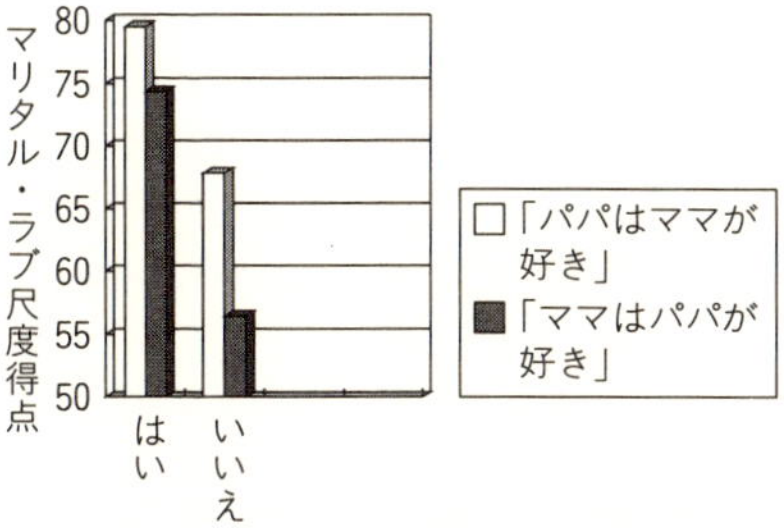

図34　子どもの目から見た夫婦関係

母さんが好きではないとした否定群では六七点くらいになっている。お母さんのお父さんへの愛情については肯定群でも七四点くらいであるが、今回対象となった家庭の平均結婚年数が一五年近いことを考慮すると、図32に示したようにすでに全体として「父親片思い」傾向が強くなっているので、父母で差があっても仕方がない。しかし、それにしても「お母さんはお父さんが好きではない」とする否定群のマリタル・ラブ尺度得点の平均は五六点とかなり低いものになっている。この尺度は一五項目七段階評定（1.全くあてはまらない～7.非常によくあてはまる）であるので、最高は105点、最低は15点そして全部の項目に4.「どちらでもない」としたとしても合計で六〇点となる。試験の足切りラインではないが、六〇点を下まわるというのは母親の父親に対する愛情はかなりさみしいものであることがうかがわれる。こうした絶対値的な相違が子どもの目にはどう映っているのか、今後詳しく検討してみたいところである。

◉子どもの発達との関連

さて、こうした夫婦の愛情関係は子どもにどのような影響を及ぼすのだろうか。夫婦関係の心理学的研究そのものの歴史も浅いが、子どもの精神的健康や不適応行動の出現との関連については、ようやく一九九〇年代に入って欧米を中心とした発達研究においても注目され始めるようになってきた(Fincham 1994, Davies & Cummings 1998など)。とくに子どもの発達や適応の問題を「家族システム」の枠組みの中で理解していこうという機運の高まりの中で、これまで中心的に検討されてきた親子関係の影響だけではなく、家族関係のもう一つの重要な構成要素である夫婦関係の影響にも目が向けられるようになってきたのである。

これまでの研究では、おもに夫婦の意見の不一致や葛藤関係との関連が扱われてきており、こうした夫婦間のネガティブな側面は、子どもの攻撃的・反社会的な問題行動や不安や引きこもりなどの抑うつ・神経症的問題行動(internalizing problems)などの出現に影響することが報告されてきている。

たしかに、両親の間の喧嘩や意見の不一致に接することは、子どもを不安にし、情緒的な安定性を脅かすことになろう。しかし、意見の食い違いから揉めることが多くてもお互いに愛し合っていて、最終的に破綻することなく結婚生活を送っている夫婦も少なからず現実には存在する。こうした夫婦関係の子どもに対する影響は、愛情も冷めぶつかり合うだけの夫婦や、表面上の諍いはなくても家庭内別居状態のいわゆる「仮面夫婦」のそれとは異なったものになってくる可能性があるのではないだろうか。夫婦間の葛藤関係を中心とした従来の研究の枠組みに加えて、幸福で調和的な夫婦関係といった「夫婦関係の健康さ」についても目を向けていく必要があることを指摘している。こうした研究の流れの中で、私たちのデータについても夫婦の愛情関係のあり方が子どもの精神的健康にどのような影響を及ぼすのか、検討してみることにした（菅原ほか 二〇〇二）。

◎家族機能を媒介とした夫婦関係の影響

「家庭のムード」について父・母・子三者の評価を尋ねてみた。家にいてほっとする、のびのびできる、温かい感じがする、といった「居心地の良さ」を測定していると考えられるが、この得点は家族のメンバー間で互いに一致する傾向にある。父親だけが「うちはくつろげる家庭だ」と感じて母親と子どもは「我が家は殺伐としている」というような大きな食い違いは現実にはなく、やはり「場の雰囲気」はメンバーみんなに共有されるものなのだといえよう。そこで、父親、母親、子どもの三者の評定得点を加算し、その家庭の「家庭の温かさ得点」を算出した。この得点と、子どもの「お父さんとお母さんは一緒にいて楽しそうですか？」という問いに対する回答との関連を見たのが図35である。肯定群の方が家庭の温かさに関する評定得点が高く、両親の仲が良いと子どもが認知している家庭の方が「居心地が良い家庭だ」とみんなに感じさせる傾向がより強いことがわかったのである。

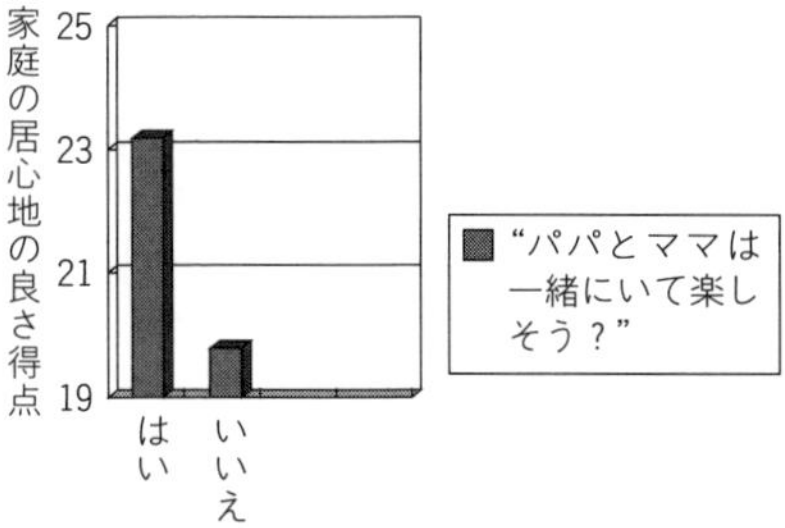

図35　家庭の居心地の良さ得点と子どもの夫婦関係認知との関連
家庭の「居心地の良さ」→のびのびできる・温かい・ほっとできる等の10項目で測定

では、実際の夫婦間の愛情関係と家庭の雰囲気とはどんな関係にあるのだろうか。子どもの精神的健康との関連を含めて検討したのが図36である。ここで子どもの精神的健康の指標として取り上げているのは抑うつ傾向であるが、夫婦間の愛情関係が強いほど家庭の雰囲気はより暖かいものになり、その暖かさが子どもの抑うつ傾向の悪化を防ぐことができることを示す結果となった。児童期にもうつ病が発症し、それは基本的に成人のうつ病と同様のものであ

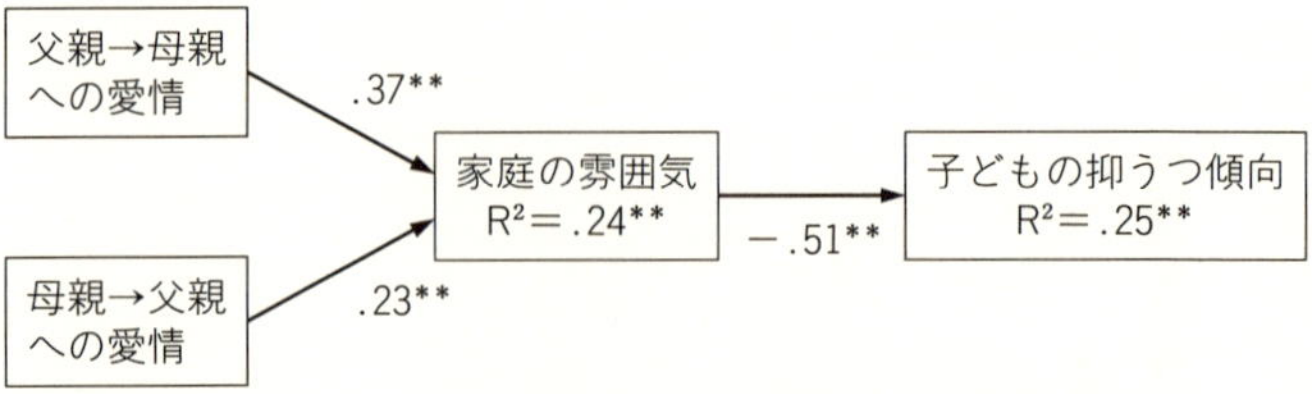

図36　子どもの抑うつと夫婦関係との関連
（菅原ほか 2002）

ることは近年の児童精神医学の多くの研究で指摘されてきている。しかもその発症率は一般人口中2～3％程度であり、低学年においてさえ、二～三学級に数名は心配な子どもたちが存在する割合である。自殺や不登校などとの関連からも早期発見や予防が重要であるが、私たちの研究の結果は両親間の愛情関係も子どものうつ病発生に関連する一つの要因であることを示唆している（図36）。

夫婦関係の不和が直接子どもの抑うつを深めるものであることはよく知られたことであるが、子どもは家庭内でストレスを受けるだけではない、児童期にもなると学校やその他の友だち関係が広がり、家庭外での生活の比重が高くなる。学校での失敗やいじめに合うなど、家庭外で子どもが傷ついて帰ってきたとき、それを癒せるような暖かい雰囲気が家庭にあるかどうかが問題となるのではないだろうか。夫婦仲がうまくいかなくて、言い争いや両者の冷たい態度が家庭の中に頻繁に見られるようになってしまうと、家庭全体の雰囲気もしだいに冷たく「居心地の悪い」ものになっていく。子どもにはわからないように、目の前でケンカはしないようにと努めているつもりでも、自然と夫婦の関係は家庭全体の場に持ち込まれ、その雰囲気を変質させていく。そうした気まずい雰囲気の中では子どもだって安心してくつろぐことはできないのだ。

子どもにとっては父親も母親も等しくこの世で一番好きな人たちなので、その二人の仲違いは、そのこと自体子どもに大変な苦しみをもたらす。何とか自分の大好きな二人に仲良くしてもらえるよう、実は子どもたちは、ごく小さい頃から夫婦関係の「調整役」を演じている。我が家は研究者同士の夫婦なので、よく研究のことなどで議論をするが、早口でまくしたてる両親が子どもたちには「ケンカしている」ように見えるらしい。上の一〇歳の子は「今日学校でね！」と話題を変えようと口をはさむし、下の七歳の子は急に歌い出したり先生口調で、「お食事中はお話しないで下さい！」と言い出すなど、それぞれなりに「ケンカ」を終わらせようと介入してくることがあり、親同士仲良くしてほしいんだなと、とてもいじらしく感じる。

こうした子どもの調整も虚しく両親の不仲が決定的になってしまうと、一時的にしろやはり子どもの心は大きな痛手を受けることになる。子どもの様々な不適応行動の背景の一つに夫婦の不和や離婚があることは、精神医学や臨床心理学の領域でもよく知られていることだ。夫婦関係もまた子どもの個性を「凶と出すか、吉と出すか」に大きくかかわる環境要因の一つであることを肝に銘じつつ、健気《けなげ》な子どもの努力を無にしないように、難しいことではあるが夫婦関係の「早めの建て直し」に努めたいものである。

個性の健やかな育ちのために▼「あとがき」にかえて

◎赤ちゃんの個性の多様さに魅せられて

発達心理学の研究者の卵として歩み始めた二〇代はじめの頃、筆者は本書の第I部で紹介させていただいたような新生児の行動検査に夢中になっていた。生後一日目の子どもでもすでに、視覚や聴覚、味覚といった基本的な知覚や学習が可能であることを、一九七〇年代以降の新生児研究は鮮やかな実験的手法で科学的に実証した。一九八〇年代に入った当時、こうした発達研究の発展とともに、急速に進行する先進諸国の少子化現象の中でますます「赤ちゃん」に対する社会的関心は大きなものとなりつつあった。私たち若手研究者の間でも、一種のブームといえるほど乳児を研究対象にすることが流行していた。私も赤ちゃんの発達をこの目で見たい。しかもどうせ見るなら最初から見てみよう。そんなありきたりな思いで始めた新生児の観察の中で、筆者は驚くほど多様な赤ちゃんの個性に出会うことになったのである。生まれたばかりの人間にどれほど豊かな行動上の個性があるのか、そしてそれをどうやって心理学的研究の対象として切り出してきたのかは、第I部で詳しく述べさせていただいた。

赤ちゃんだって十人十色。こうした生後間もない頃の個性は、その後どんな発達をとげるのだろうか。この子たちがおとなになったとき、今ここで感じることのできる「個性のテイスト」はやっぱり残っているのだろうか。赤ちゃんの行動に見られる多様性はいったいどこに由来するのだろう？　なんのために人間はこんなにも最初から「個性的」なのだろうか——次から次へと魅力的な疑問が湧いてきて、答えを探し求めているうちに、あっという間に二〇年近くが過ぎてしまった。おとなになるまでの個性の発達を実証的に検討するためには、時間がかかっても追跡研究を試みるしかない。本書中でも随所で紹介させていただいた、一二〇〇人余りの親子を対象に始めた追跡研究は、二〇〇三年に生後一八年目の調査を実施する。対象者数はずいぶんと減ってしまって、現在は約三〇〇世帯の親子がサンプルとして残っているが、この方たちが二〇歳になるところまで追跡を継続する予定だ。誕生からおとなになるまで、どんな個性の発達のヒストリーを描くことができるのだろうか。あと少しお待ちいただきたい。

子どもの個性のルーツ

本書の第II部では、個性の発達を規定する要因について整理を試みた。大きく分けて、受精以来子ども自身が持っている遺伝子関連要因、発生過程および生後の環境要因、自分の個性を知り管理しようとする自己制御要因の三つの要因が複雑に絡まりあって個性は発達していく。なかでも、個性をめぐる遺伝子についての研究はこの数年、飛躍的に進展した。筆者が赤ちゃんの個性の研究を始めた頃には、この「遺伝要因」はまだブラックボックスのままであった。しかし、ヒトゲノムから早くもポスト・ゲノムへと時代は急速に動いている。長年不明だった遺伝要因の部分を、少しずつではあるが心理学的な実証研究にも具体的に関連付けることが方法論としても可能になってきた。相当に冒険的ではあるし、時期尚早というご批判もあろう。倫理的にクリアしなければならない課題も多々ある。しかし、敢えて遺伝子要因を組み込んだ個性の発達研究を模索しているのには理由がある。

個性を健やかに伸ばしていくためには、いうまでもなく子どもを取り巻く環境が良好なものであることが大事だ。家庭生活の中や学校教育、地域での子どもの活動をめぐって、私たちおとなには子どものために良い環境を用意していく責任がある。では、「子どもの発達に良い養育環境」とはどのようなものなのだろうか。この問いに答えるのは思ったよりずっと難しい。本書のテーマの通り、子どもには最初から個性がある。ある環境要因が子どもたちの発達にどんな影響を及ぼすかは、子ども側の個性を考慮することなしには明らかにならない。繰り返し述べたように、それぞれの個性にあった環境を細やかに考えていくことが本当の意味での「個性の尊重」につながる。そのためには個性の発達の初期値としての遺伝子関連要因の役割を把握して、それを考慮に入れた上での環境要因の影響力を検討していく必要がどうしても研究上必要になってくる。遺伝子情報が100％決定する子どもの個性もないし、同じように環境が100％決める個性というのもまた存在しない。一見当たり前のように見える結論だが、いつも誰かしらが道に迷って展開してしまう「遺伝決定論」と「環境決定論」の誤りを、こうした遺伝子要因を組み込んだ発達心理学的な先行研究は明快にクリアしてきている。光と影のように、遺伝子要因の役割を知ることによって、環境要因の役割はもっと深く、もっと明確に知ることができるようになるのではないだろうか。

親は子どもの個性を一方的に作ることはできない

遺伝子要因を考慮した行動遺伝学的研究からわかったもう一つ重要な点は、親は子どもに遺伝子と養育環境を提供する重要な存在であることは変わらないが、親といえども子どもの個性を単独で「作ったり」「作り変えたり」することはできない、ということである。かつての素朴な発達観では、子どもは親の育て方でいかようにも変わるという決定論的考えが広く浸透していた。今でもそう考えている親は多いに違いない。しかし、本書で紹介してきたような多くの研究で、子どもの個性は子ども自身の主体的な環境との関わりの中で発達していくものであって、親が一方的に形成するものではないことが明らかにされてきている。

筆者にも二人の子どもがいるが、親としてはこうした発想の転換は「目からうろこ」ものの衝撃だった。親が子どもを「良い」性格にしなくては、という過度の期待や干渉が的外れであることに拍子抜けするとともに、この子の個性はこの子が持って生まれた遺伝子情報とこれまでの人生経験の中ででてきた、この子オリジナルなものなんだ、と子どもの主体性を見直して少しうれしい気持ちになった。もちろん、その人生経験の中に親子関係は大きな位置を占める。親子関係は子どもの個性を直接大きく変えはしないかもしれないが、子どもの家庭内外での社会適応には大きく影響する。子どもがそれなりの個性を輝かせて元気に生きていくために、親ができることはたくさんある。子どもに安心して生活できるようにきちんとした衣食住を提供すること、規則正しい生活のペースメーキングをすること、子どものストレス・マネージメントをすること、社会的ルールやマナーを身に付けさせていくこと、夫婦関係や兄弟関係など家族関係を良好に保つこと、そして何より一緒に暮らす大切な人同士としての温かな人間関係を築いていくこと。赤ちゃん時代から成人するまで、こうした親としての役割を子どもの発達に沿って適切に遂行するのは今の時代、なかなか大変である。親としての発達、という話になるだろうが、これはまた別の機会に考えてみたいと思う。ここでは、こうした親としての役割リストの中に、「子どもの性格を作ること・作り変えること」という項目は入ってはこない、ということをもう一度確認しておきたい。

◎子どもの個性を「吉」とする環境とは

第III部では、子どもの個性がその置かれた環境との適合に問題があって、不適応的な表れ方をするときについて考えてみた。個性そのものには良い・悪い、あるいは望ましい・望ましくないといった絶対的な価値はない。どんな個性にもメリットとデメリットの両面があると考えるのがリーズナブルである。しかも、子どもの個性の評価は親や教師など養育者の「都合」によって変化する。赤ちゃん時代と小学生では養育者に受けの良い個性も違ってくる。このことについては、本文中では「今日の弱みは明日の強み」（逆もありうるが）と表現した。子どもの個性を好き・嫌い、あるいは好ましい・好ましくないと自然に感じてしまうのは仕方がないとしても、それを固定的に考えたり、子どもの個性に全部原因を求めたりするのはフェアではない。子どもの個性と環境との折り合いをまずくしてしまう最大の要因は、環境側の許容量が狭すぎることにある。

どうして私たちおとなは子どもの個性についてこんなに厳しくなってしま

うのだろうか。型にはまった「良い子像」やステレオタイプな女の子像・男の子像に我が子や生徒を近づけようと、安易に圧力をかけて子どもを追い詰めてしまう背景には、やはり暗黙の環境決定論が潜んでいるように感じる。そもそも人の個性には遺伝子レベルでさえバラエティが豊かにあって、さらにひとりひとりの個別の体験によって多様な個性が発達していく。一方的な環境決定論からこうした主体的形成論へと個性観が変わっていくことによって、子どもの個性に対する社会の許容度が増していくのではないだろうか。

その子なりの個性のあり方を認めていくこと。それは無責任な放任とはまったく異なり、子どもがルール違反をしたり人に迷惑をかけてしまったりといった逸脱行為が見られたときには、その子の個性を考慮したうえでの厳しい対処が必要である。なぜならば、子どもは自分の個性をうまく環境と折り合わせてこの先も生きていかなくてはならない。そのためには、どう自分の行動をコントロールすれば当該の社会や集団での存在が許され、他の人々と共同してやっていくことができるのか、子ども時代のうちにしっかりと学んでおかなければならない。効果的にこのことを学習させる上でも、親や教師は子どもの個性をそのままのあり方で受容しつつその特徴にあわせた指導をしていくという、一段グレードアップした関わりが求められるのではないだろうか。

◎「でこぼこ」こそ社会の宝

金子みすゞのすてきな詩がある。

「私と小鳥と鈴と」　金子みすゞ作

私が両手をひろげても、
お空はちっとも飛べないが、
飛べる小鳥は私のやうに、
地面（じべた）を速くは走れない。
私がからだをゆすっても、
きれいな音はでないけど、
あの鳴る鈴は私のやうに、
たくさんな唄は知らないよ。

鈴と、小鳥と、それから私、
みんなちがって、みんないい。

いろいろな個性の人がいるからこそ、集団は活性化する。宴会の席だって、大学のゼミだって、子どものサッカー・チームにだって、リーダーを張る人やみんなをなごませる天然ボケの人、よく気がつくまめな人、いつもにこにこ癒し系の人、短気だけどしゃきしゃき威勢の良い元気な人。いろいろなキャラクターの人がいたほうが楽しいし、役割を多様に分化させることも可能になってくる。

筆者は高校時代生物学クラブに所属していて、細胞性粘菌という、動物と植物の境界線上にいる不思議な生物を飼育していた。この生物は、シャーレの中に養分が豊富にある時は小さなアメーバ細胞がばらばらに自由に動き、増殖もそれぞれ活発に繰り返される。しかし餌を食べ尽くして飢餓状態になってしまうと、中点をめざして数千から数万のアメーバ細胞が集まってきて、一つの大きなナメクジ状や樹形状の多細胞体を形成するのだ。そうなると個々のアメーバ細胞は個別の動きを完全に休止し、多細胞体の一要素として植物細胞と同じようにひっそりとしてしまう。この様子を顕微鏡で眺めながら、いつも第二次世界大戦中のナチス・ドイツや日本の軍隊、様々な時代にあった独裁制の社会のことを連想していた。社会が多様性を喪失して個人が画一的なふるまいを強制される時というのは、社会全体としてはそれは危機を乗り越えるためのある種の適応戦略なのかもしれないが、個人にとっては決して幸せな状態とはいえない。あるステレオタイプの個性だけが特化してそこにだけ価値が集中するような社会では、そこからはずれる個性は否定され、排除されていってしまう。「個性のでこぼこ」が許容されて、しかもそれがそれぞれに輝くことができる時、その集団や社会は本当に豊かな環境を持っているといえるように思う。今の日本の子どもたちのまわりにそうした豊かな環境を作っていくことこそ、遠回りのようでも、様々な子どもの不適応現象の予防策の一つになるのではないかと感じているが、いかがであろうか。

本書の第Ⅰ部は、平成二年七月に東京都立大学大学院に提出した筆者の博士論文をもとに書かれたものである。それから一〇年以上もかかって、ようやく第II部と第III部に相当する子どもの個性の発達過程と社会適応との関連について、少しその探究の糸口をつかむことができるようになり、こうやって一冊の本にまとめることができた。本書で紹介させていただいた筆者たちが実施しているいくつかの縦断研究は現在も継続中であり、最終的な結論はまだ得られていない。数年のうちに完結する予定であり、本書ではあまり触れることのできなかった個性の様々な発達のコースや特定の環境要因との相互作用の実態については、いずれ詳しく報告させていただきたいと考えている。最後になったが、遅々として進まない筆者の執筆を粘り強く励ましてくださった大修館書店の日高美南子さんに心からお礼を申し上げたいと思う。

二〇〇三年四月

菅原ますみ

参考文献

●新生児の能力に関するもの

T・G・R・バウアー『乳時期―可能性を生きる』岡本夏木・野村庄吾・岩田純一・伊藤典子共訳、ミネルヴァ書房、一九八〇。

リタ・L・アトキンソン他『ヒルガードの心理学』「第三章心理的発達」内田一成監訳、ブレーン出版、二〇〇二。

●個性に関するもの

大沢文夫・鈴木良次他『個性の生物学―個体差はなぜ生じるのか』(ブルーバックス)、講談社、一九七七。

T・B・ブラゼルトン『ブラゼルトン新生児行動評価(第三版)』、鈴木良平監訳、医歯薬出版、一九九八。(T. Beerry Brazelton. 1984. *Neonatal Behavioral Assessment Scale.2nd Edition* (*Clinics in Developmental Medicine no. 88*). Lavenham, Suffolk: The Lavenham Press.)

菅原ますみ『発達初期の行動特徴に関する研究』、東京都立大学大学院人文科学研究科博士論文、一九九〇。

菅原ますみ『パーソナリティ形成の心理学』「第二章気質的行動特徴」青柳肇・杉

山憲司編者、福村出版、一九九七。

●遺伝学に関するもの

中込弥男『ヒトの遺伝』(岩波新書)、岩波書店、一九九六。

栗山孝夫『DNAで何がわかるか』(ブルーバックス)、講談社、一九九五。

米本昌平・松原洋子・橳島次郎・市野川容孝『優生学と人間社会―生命科学の世紀はどこへ向かうのか』(講談社現代新書)、講談社、二〇〇〇。

石浦章一『脳内物質が心をつくる―心と知能を左右する遺伝子』(ひつじ科学ブックス)、羊土社、一九九七。

●人間行動遺伝学に関するもの

R・プロミン『遺伝と環境―人間行動遺伝学入門』、安藤寿康・大木秀一訳、培風館、一九九四。

安藤寿康『心はどのように遺伝するか―双生児が語る新しい遺伝観』(ブルーバックス)、講談社、二〇〇〇。

詫摩武俊・天羽幸子・安藤寿康『ふたごの研究―これまでとこれから』、ブレーン出版、二〇〇一。

Judith Rich Harris. 1995. "Where Is the Child's Environment? A Group Socialization Theory of Development." *Psychological Review*, 102(3), 458-489.

J・リッチ・ハリス『子育ての大誤解―子どもの性格を決定するものは何か』、石田理恵訳、早川書房、二〇〇〇。

●環境要因に関するもの
U・ブロンフェンブレンナー『人間発達の生態学《エコロジー》—発達心理学への挑戦』磯貝芳郎・福富護訳、川島書店、一九九六。
●子どもの問題行動と精神疾患に関するもの
J・ダビソン、O・ニール『異常心理学』村瀬孝雄監訳、誠信書房、一九九八。

榊原洋一『「多動性障害」児「落ち着きのない子」は病気か？』（講談社α新書）、講談社、二〇〇〇。

菅原ますみほか「子どもの問題行動の発達：Externalizingな問題傾向に関する生後11年間の縦断研究から」『発達心理学研究10』、三二-四五。
●個性の自己制御に関するもの
斎藤勇・菅原健介（編）『対人社会心理学重要研究集6—人間関係の中の自己』、誠信書房、一九九八。

[著者略歴]
菅原ますみ（すがわら　ますみ）
1958年東京生まれ。東京都立大学大学院人文科学研究科心理学専攻博士課程満期退学（文学博士）。現在、お茶の水女子大学助教授。
専門は発達心理学、子どものパーソナリティ発達と発達精神病理学。
主な著書に『パーソナリティ形成の心理学』（共著、福村出版）、『家族と社会の心理学』（共著、ミネルヴァ書房）、『きょうだいの子育て』（監修、主婦の友社）などがある。

〈ドルフィン・ブックス〉
個性《こせい》はどう育《そだ》つか

NDC143 232p 19cm

初版第1刷——2003年6月20日

著者——菅原《すがわら》ますみ
発行者——鈴木一行
発行所——株式会社大修館書店
〒101-8466 東京都千代田区神田錦町3-24
電話 03-3295-6231（販売部）03-3294-2221（代表）
振替 00190-7-40504
[出版情報] http://www.taishukan.co.jp

装丁者——佐々木哲也/さくらグラフィックス
印刷所——壮光舎印刷
製本所——関山製本社

ISBN4-469-21278-4　Printed in Japan